咖啡館裏的哈佛經濟學

閆岩 著

咖啡館裏的哈佛經濟學

目錄

第1章

三分鐘讀懂經濟學——經濟學原來這麼有趣

第2章

不懂經濟學，十八歲以後的未來將無比艱辛

咖啡館裏的哈佛經濟學 目錄

第3章

學些街頭經濟學，別讓商家掏空你的口袋

第4章

辛苦一輩子攢幾個錢，看看有什麼辦法讓錢生錢

咖啡館裏的哈佛經濟學 目錄

第5章

陌生人經濟學，讓每一次感動都產生最大效益

第6章

人生何處不銷售？不要忽視無形商品的價值

第7章

不必拼狠勁，利己不損人——將經濟學運用在辦公室

第8章

生命誠可貴，愛情價更高，而婚姻則是理性的投資

第9章

金錢力≠幸福力，在經濟學的思維中實現幸福

第10章

小數字、大秘密——看懂「經濟規律」背後的含義

前言

1

經濟學並不是獨立在生活之外的科學，正好相反，經濟學的力量歸根到底是生活的力量。

經濟學大師約翰•梅納德•凱恩斯曾經說過，經濟學「不是一種教條，只是一種方法、一種心靈的器官、一種思維的技巧，幫助擁有它的人得出正確結論」。

同樣，經濟學家熊彼特也曾說過：「我們需要承認，經濟學研究有著區別於其他學科的特殊困難之處，因爲在這門學科中，相對於其他任何學科而言，普通常識比人們能夠積累的科學知識要走得遠得多。」

這就說明了不論是誰，多瞭解一些經濟學常識對生活都是有好處的。

2

雖然說經濟學和我們的生活密切相關，但是很多關於經濟學的書都是十分難以理解的，人們因而本能地把經濟學視爲一種高深莫測，甚至有點枯燥的東西。

而本書並非大部頭學術巨作，它只是一些經濟常識加上生活小智慧。不同於傳統經濟學著作中充斥著艱澀的數學公式，書中一個個妙趣橫生的生活事例，將經濟學化繁複爲精妙。當你閱讀這本書後，就會發現，其實經濟學正生動地編織著生活的各方面，而我們身邊的大事小事都可以用經濟學原理來一一破解。

比如，當面對商家瘋狂的「跳樓價」時，如果具備一些經濟學的常識，懂得從成本與利潤的角度分析這種現象，就會變得理性起來。

比如，當你在跳槽與否的十字路口上張望的時候，如果你瞭解機會成本和權衡取捨的原理之後，你的選擇可能就會變得更加容易並且明智。

還有最常見的，人們最關心的問題——房價會不會降，股票會不會漲，身邊的伴侶能否白頭到老？人們常自命不凡地認爲自己很聰明，但事實上，即便是像格林斯潘這樣的金融高手也難免掉進非理性選擇的陷阱，因爲我們的身上存在著太多的人性弱點。所以，當我們知道了該如何根據經濟學的方法進行理性選擇的時候，我們還必須考慮到那些引誘我們做出不理性選擇的人類身上固有的弱點。

本書在以經濟學視角來揭示這個世界本來面目的同時，也試圖傳遞一種讓我們面對人性弱點的方法。

3

總之，從日常生活中發現重要經濟理論的例子舉不勝舉。就如在咖啡館裏喝一杯咖啡，也能體會哈佛大學的精神一樣——無論看起來多麼高深複雜的理論，其「原型」大部分都是非常簡單單純的。

讓我們多學習一些經濟學的原理和規律，這樣我們面對生活中的選擇時就會更加清醒、客觀，有更多的信心去克服各種困難，迎接各種挑戰！

第1章

三分鐘讀懂經濟學——經濟學原來這麼有趣

經濟學並不意味著複雜的數學模型和演算公式，也並不僅僅充斥著晦澀的專業術語，讓我們帶你進入通俗易懂、簡便快捷、生動形象的「經濟學聊天室」吧！

1 吃第一個麵包和第三個的差別

假如，給非常饑餓的人吃麵包。在吃第一個的時候，他會感覺非常幸福。接著給他吃第二個、第三個……直到吃完第五個的時候他已經很撐了。如果我們還繼續讓他吃，相信他不但一點幸福的感覺都沒有，甚至還會心生厭惡。

這就是「邊際效應」最典型的案例。

經濟學上說的「邊際效應」，有時又稱爲「邊際貢獻」，是指其他投入固定不變時，連續地增加某一種投入，所新增的產出或收益反而會逐漸減少。也就是說，當增加的投入超過某一水準之後，新增的每一單位投入換來的產出量會下降。

消費者在逐次增加一個單位消費品的時候，帶來的單位效用是逐漸遞減的（雖然帶來的總效用仍然是增加的）。我們嚮往某樣事物時，情緒投入越多，第一次接觸到此事物時情感體驗也越爲強烈。但是，第二次接觸時，會淡一些，第三次，會更淡……以此發展，我們接觸該事物的次數越多，我們的情感體驗也越爲淡漠，一步步趨向乏味。一如霍曼斯所說：「某人在近期內重複獲得相同報酬的次數越多，那麼，這一報酬的追加部分對他的價值就越小。」

瞭解了邊際效應的概念，你就可以嘗試在實際生活中去運用它。舉例說，一杯水對井邊的人來說，即使倒掉，他也毫不在乎。但是如果對於沙漠旅行者來說，水壺中剩下的最後一杯水，擁有了它，則如獲甘泉玉液。

道理很簡單，如果你給億萬富翁幾千元，產生的作用就相當一杯水對井邊的人。因此，給億萬富翁送去幾千元，幾乎等於做無用功。同理，給農民送去大米，很多時候也只能算錦上添花，一樣產生不了多大效用。

人際交往中，有時需要主動去幫助對方，感情才能得以加深。有的人爲了討好上司，付出了很多，可是卻達不到效果。其實之所以效果不理想，往往是付出的方向有誤。

事實上，每個人都有缺少的東西。雖然富人不缺錢，或許給他送一些錢起不到什麼作用，但是可能他在精神方面卻很匱乏，你便可以從這方面下功夫。

歸根結底，雪中送炭的關鍵，是要看清楚對方是否在雪中，自己才能把炭送出去。

不可否認，每個人都喜歡金錢，但是喜歡的程度有所不同。即使同一個人，在不同階段，對金錢追求的程度也是不同的。一個人在貧窮的時候，可能願意爲了換取金錢而付出較大代價，而當他富有了之後，或許就不願意再爲之付出那麼大代價了。因此，只有把金錢運用得當，才能產生效用最大化。

2 看電視的「適度時間」應該是多少？

如果電視是一件「好東西」，那麼看電視的適度時間應該是多久？如果地瓜是種「好東西」，那麼應該吃多少才恰到好處？如果運動是一樣「好東西」，那麼做多長時間的運動才算適可而止呢？……

對於這樣一連串問題，經濟學家回答說：任何一件東西的最佳均衡量，都是當邊際收益等於邊際成本時的那個消費量。換句話說，如果邊際收益恰好等於邊際成本，那麼這個時候的消費量一點也不多、一點也不少，才可以說是「恰到好處」；在這個消費量上停下來，就叫「適可而止」。

爲了更好地理解問題，我們舉個例子來說明。

假設你現在已經在電視機前坐了七十六分鐘，目不轉睛地觀看著棒球比賽，現在要讓你做出決定，是繼續看下去呢還是關掉電視機？

你如果能像經濟學家一樣思考，那麼你就會這樣琢磨問題：我再看下去，邊際收益是大於還是小於邊際成本呢？如果你覺得是「大於」，那你就會選擇繼續看下去；如果你回答是「小於」，你就會減少看電視的時間（少於七十六分鐘，比如說七十分鐘、六十分鐘，等等）；如果你覺得既不「大於」也不「小於」，二者正好「相等」，那麼你肯定就會在此停下來，不會選擇再繼續看下去。這樣，七十六分鐘就是你看電視的最優均衡時間。

儘管絕大多數活動有成本也會有收益，但有些活動似乎並非如此。比如，一個人用棒槌敲打自己的腦袋，似乎只有「成本」，很難說有什麼「收益」（除非他想讓別人誤以為他是個傻子）。顯然，這是一項零收益但有成本的活動。

那麼，用棒槌敲打自己腦袋這件事，是不是也有一個「最優均衡次數」的選擇問題呢？是敲打三下最佳呢，還是只擊打一下就停止，或者一下也不敲擊（零次）？很顯然，如果按照邊際成本等於邊際收益的原則，正確的答案是零次。

回想一下，一個人繼續從事一項活動，其前提條件是邊際收益大於邊際成本。在這個棒打腦袋的例子中，由於只有成本而無收益，也就是說，成本大於零，收益爲零，在這種情況下，邊際收益絕不會大於邊際成本。

所以，用棒槌敲打自己腦袋的最優均衡量自然應該是零，即最佳選擇答案是：你最好不要敲打自己的腦袋！

3 為什麼工資永遠追不上房價？

經常聽到別人抱怨賺的錢越來越不夠花，房子開始漲價，豬肉開始漲價，雞蛋也開始漲價，吃菜吃不起，住房住不起，於是人們慨嘆：錢越來越不值錢了。這就是經濟學上的通貨膨脹現象。

如今，通貨膨脹成了人們最熱門的話題之一。「物價漲，油價漲，房價更是在漲……」可以說是漲聲一片。這讓敏感的老百姓漸漸緊張起來，辦公室、菜市場、洗手間、公車上、網路論壇……關於漲價的討論隨處可見。那麼，作爲普通百姓，我們該怎樣認識通貨膨脹呢？

通貨膨脹，就是貨幣相對貶值的意思。說得通俗一點，就是指在短期內錢不值錢了，一定數額的錢不能再買那麼多的東西。當這種物價上漲、貨幣貶值的現象普遍化，也就是說，不單是豬肉漲價了，你環顧四周，看到絕大部分商品的價格都上漲了，這就可以斷定通貨膨脹確實發生了。

通貨膨脹是由於流動性過剩造成的。在經濟繁榮時期，大量的錢在市場上流動，不論是數量還是流通速度都比平時要快，貨幣的流動性大大加快。按照通行的經濟學規則，市場上所需要的貨幣總額等於市場上所有物品的價格總和除以貨幣流動速度，當貨幣總額增多的時候，貨幣流通速度加快，那麼商品的價格就會高漲。這是因爲繁榮的經濟刺激了人民信心，吸引了資本的介入，使貨幣增加。

通貨膨脹一般分爲幾種類型：

需求拉動型通貨膨脹：這是最普遍的一種類型，也是最常見的。大多數通貨膨脹是由需求拉動造成的，由於需求過度擴張，導致產品供不應求，物價上漲，貨幣貶值。比如房地產行業，在經濟上升時期，由於自住房和投機房需求加大從而導致房價上漲，房產業需要的資金比較大，屬於經濟裏的龍頭產業，房產業的價格上漲往往會帶動其他產業，從而導致GDP出現過度需求的局面。

關於這個類型的通貨膨脹，經濟學裏有一個經典的故事：

一個人買糧食的時候認為糧食貴了，賣糧食的說，是因為麵粉貴了；賣麵粉的說，是因為油條和麵包貴了；賣油條和麵包的說，因為他們要吃豬肉，而豬肉太貴了，他們必須提高價格來增加收入；賣豬肉的說，因為生豬太貴了，所以肉貴；養豬的老大娘說，因為糧食貴了，所以生豬貴了。

這一個過程是循環的，找不到哪個環節是最初的根源，但是必定離不開需求的過度擴張。一個環節的過度會導致其他環節都提高價格，從而導致整個社會的價格上漲，也許是由於糧食稀缺造成的，也許是由於養豬的少了，但不管怎樣，由於需求擴張而產生的物價上升直接帶動了相關產業的提價。

成本推動型通貨膨脹：這主要是由工資上漲引起的，工資本身具有剛性原則，只上漲不可跌，通常認爲工資的降低會挫傷員工的積極性。由於工會力量的強大，工資和福利經常出現被人爲拉動到超出社會承擔能力的程度，由於發放工資過多導致貨幣發放超出實際需要，從而造成通貨膨脹。這種通貨膨脹一般在西方更容易出現，因爲西方國家的工會屬於很獨立的機構，他們只從工人的角度去考慮，不顧提高工資的社會成本是否會造成通貨膨脹。此外，採購成本突然提高而造成的通貨膨脹也屬於成本推動型膨脹，比如一九七三年由於石油輸出國聯合壟斷價格，導致石油價格猛漲，形成了世界性的通貨膨脹。

利潤拉動型通貨膨脹：這主要是由於企業壟斷或者是聯合定價而導致企業利潤增加，貨幣需求擴大，從而產生通貨膨脹。這種通貨膨脹是比較少見的，而且也不重要。

三種通貨膨脹類型雖然不一樣，但是一旦通貨膨脹發生的時候，往往是三種因素共同起作用造成的。原來一個產品只需要一塊錢，現在產品沒有變，而貨幣卻增加了，需要兩塊錢了，所以原來的錢就不值錢了，無形之中，你手頭的財富縮水了。市場上的錢太多了，這可能是需求增加後，投資增加造成的貨幣富裕，也可能是利潤增長得太快，馬上把利潤轉化成投資投放到市場上，也可能是銀行又多放貸了貨幣。當通貨膨脹發生的時候，你賺的工資就需要看它的購買力來核算工資的價值。

通貨膨脹發生的時候，都是不知不覺的，你明顯感覺到物價上升了，這就是通貨膨脹了。通貨膨脹是有週期性的，一般在經濟繁榮的時候出現，然後伴隨經濟的衰退，出現通貨緊縮現象。當需求擴張的時候，供不應求，價格上漲，價格上漲接著就又會供應過度，價格降低，需求下降，貨幣需求也隨之減少，物價低迷，通貨緊縮到來。

通貨膨脹原因很複雜，但百姓唯一的感覺就是物價上漲，這也是對百姓最爲不利的地方。面對通貨膨脹，應該減少消費，積極理財，儘量使財富增值。但通貨膨脹往往與通貨緊縮是交替出現的，通貨緊縮的時候就可以增加消費，這時商品都是很便宜的。

4 美女和巫婆該要哪一個？

小時候曾看過一篇童話，童話裏有一位英俊帥氣又有才華的王子。一天，王子出去狩獵，走著走著，忽然前面有個黑影一躍而過，王子眼尖，看準了是一隻斑斕猛虎，隨即催馬趕去。他和老虎的距離一點點逼近，王子忽然拔劍，一箭射出，只聽「啊」的一聲。王子感到奇怪，近前去看，不見猛虎，卻見一個美女捂著右臂，右臂上插的正是自己那支箭。鮮血從傷口處不斷流出，王子來不及多想，趕緊下馬為女子包紮。

血終於止住了，女子起身道謝。王子疑惑地看著女子說，「我明明看到射中的是一隻老虎，怎麼會是一個女子，告訴我，到底怎麼回事？」

女子毫不隱瞞，說其實那隻老虎就是她，她本是森林中的一位仙子，悠閒地在林中過著日子，可是前兩天來了一位惡魔，惡魔想把她逐出森林，無奈之下，為了防身她變作猛虎，想要在今晚天黑之後逃出森林，沒想到被王子射中。王子聽了很抱歉，就把女子帶回皇宮。

日久生情，王子想娶女子為妻，在新婚之夜，女子忽然變成了一個巫婆。

她告訴王子，其實自己白天是個美女，晚上是個巫婆。當然，如果王子不喜歡，她也可以白天是巫婆，晚上變回美女陪著王子。這兩種情況，王子可以任選其一。

這下王子不知如何是好了，晚上有美女相伴自然不錯，可是白天的王妃居然是個巫婆，讓他的面子往哪擱。但如果王妃白天是美女，晚上陪著自己的就只能是個巫婆。王子一時陷入兩難境地。

魚和熊掌不可兼得，對於王子來說，選擇其中一種可能，就必須放棄另外一種可能。

在經濟學上，這叫做機會成本。

機會成本又稱選擇成本，是指做出一個選擇後所喪失的不作該選擇而可能獲得的最大利益。也就是說，機會成本其實是爲了得到一種東西而必須放棄的另一種東西。

機會成本反映了一個決策、一件事物的真正價值或收益。

比如你爲了看一場電影而放棄一次舞會，那你看電影的機會成本就是一次舞會；爲了打牌而放棄觀看一場球賽，那打牌的機會成本就是看一場球賽；爲了應酬而放棄了朋友間的一次聚會，那應酬的機會成本就是一次聚會。

當一個投資家必須在投資房地產和投資股票中做出選擇時，如果他選擇投資房地產，就意味著放棄投資股票所獲得的所有收益，反之亦然。所以在衡量機會成本時，不僅要看當前實際的成本，還要看到其背後隱藏的成本。

在經濟發展過程中，曾出現過一個奇怪的現象：統計結果表明，當工資率上升的時候，人們願意花更多的時間來工作；可是在工資率上升到某一個程度後，再繼續往上升，人們的工作時間不是增加反而是減少了。

從機會成本的角度來看，人們休息的機會成本就是工作收入，當工資率上升的時候，人們閒暇的機會成本上升了，所以大多數的人會選擇多工作。但是當收入已經足夠高了（這時工作的時間也已經很長了），這時，閒暇相對來說就比較有吸引力了，閒暇的機會成本，即工作收入相對來說就低了，所以人們寧願減少工作時間、減少收入，而去享受他們認爲難得的閒暇時光。無論是選擇多工作還是選擇多休息，都是人們將自己的效用最大化的選擇。

自從有了人類，選擇就隨之出現，自從有了商業，機會也隨之出現。機會成本運用得當，經濟效益就會最優化，機會成本運用不好，就容易造成人力、物力、財力等方面的浪費。

不同的機會成本代表不同的方案，選擇了一種方案，你就必須放棄其他方案的收益，因而機會成本的衡量需要眼光。只有用經濟學的眼光看問題，才有可能使選擇投資的利益最大化。

對於一個普通的消費者來說，在生活中存在著無數的選擇，懂得了機會成本，我們就要選擇收益最大的那種機會；而一個聰明的實幹家，總會捕捉到各種有利時機，但在做出最後決定時，有必要估算一下每種選擇背後的最大損益；一個優秀的經營團體，通過精細的衡量計算之後，更要懂得審時度勢，敢於放棄和選擇，這樣才能在市場經濟中勝出，立於不敗之地。

5 兩坨狗屎和一億的GDP

從前有一個笑話。說是有兩個經濟學博士，看見路上有坨狗屎。甲對乙說，你要是能吃了它，我給你五千萬。乙想，吃個狗屎有什麼難？這樣就能得到五千萬，太值了，於是就把狗屎吃掉了。甲只好給了乙五千萬。

甲越想越覺得不划算，就這麼一坨狗屎就換了五千萬，實在是虧大了，好在這時又看到了一坨狗屎，甲說，為了公平，我要是能吃掉它，你也應該給我五千萬。乙沒辦法就同意了。甲一口氣就把狗屎吃了個精光，於是乙也拿了五千萬給甲。

兩個人又往前走，一邊走一邊想，越想越覺得鬱悶，就去找他們的教授。教授一聽原由，激動道：「一億啊，你們吃了兩坨狗屎就為國民經濟貢獻了一億的GDP。」

這只是一個笑話，但我們不妨這樣來解讀下，在我們的每一次選擇之後，我們總是要付出行動，而每一次行動我們總是要做出投入，不管投入的是人力、物力、財力還是時間。當我們在做出下一個選擇時，我們不可避免地會考慮到這些前期的投入，不管它還能不能收回，是否真的還有價值。最終，前期的投入就像萬能膠一樣，把我們黏在原來的道路上，無法做出新的選擇，而且往往投入越大，把我們黏得越緊。

在經濟學上，這種無法收回的前期投入叫做沉沒成本。沉沒成本是指由於過去的決策已經發生了，而不能由現在或將來的任何決策改變的成本。也就是說，沉沒成本是一種已經付出但又不能收回的成本。

比如你花錢買了一張電影票，準備晚上去電影院看電影，可是臨出門時突然下起了大雨。這時你該怎麼辦？如果你執意要去看這場電影，你不僅要來回搭車，增加額外的支

出，而且還可能面臨著被大雨淋透而發燒感冒的風險，這樣可能還要付出吃藥打針的費用。這時，你最明智的選擇是不去看這場電影。

一項已經發生的投入，無論如何也無法收回。面對無可挽回的損失，就應對它不再考慮。面對無法收回的沉沒成本，明智的投資者會視其爲沒有發生。

比如英代爾公司（Intel）二〇〇〇年十二月決定取消整個Timna晶片生產線就是一個明智的決定。

Timna是英代爾公司專爲低端ＰＣ設計的整合型晶片。起初公司認爲電腦將會通過高度集成的設計途徑減少成本，所以做出這個項目決策。後來，受ＰＣ市場變化的影響，ＰＣ生產商採用了其他方法實現了成本的降低。可是英代爾公司已經投入了大量的資金和技術，如果停止就導致前期的所有投入付諸東流，但經過分析思考，公司果斷決定，下馬該專案，以避免更大的支出。

當前，市場及技術發展瞬息萬變，投資決策失誤在所難免。面對已經出現的投資失誤，如何避免一錯再錯對企業來說才是真正的考驗。

對於個人來說，不計較沉沒成本也反映了一種向前看的心態。通常情況下，人們在決定是否繼續去做一件事情的時候，不僅看重這件事對自己有沒有益處，而且也會考慮過去是不是已經在這件事情上有過投入。他們往往會計算已有支出，如時間、金錢、精力等。其實當我們面對無可挽回的損失，就應該對它不再考慮，那麼我們一定能在人生的道路上不斷地做出新的選擇，贏得一種更爲積極的人生。

對於企業掌舵者來說，不計沉沒成本體現了一種決斷性。

一般來說，生產性支出所形成的沉沒成本的損失相對較小，比如，由於不可避免的客觀條件，庫房的庫存品報廢等，這類沉沒成本其實已經是準沉沒成本。而資本性支出，尤其是項目投資形成的沉沒成本，損失就要嚴重得多。對於某個項目投資來說，投資數額很大，回收週期很長，投資項目一旦起步，沉沒成本就已經形成。當覆水難收時，投資者應果斷停止投入，以免造成更大的損失。

大多數經濟學家們認為，如果你是理性的，那就不該在作決策時考慮沉沒成本。放棄沉沒成本固然是種果敢的決斷，但如果在投資前能夠全面考慮這一項目的風險，儘量避免沉沒成本就是經營投資的更高境界了。這就要求企業有一套科學的投資決策體系，要求決策者從技術、財務、市場前景和產業發展方向等方面對項目做出準確判斷。

6 鷸蚌相爭，漁翁一定能得利嗎？

蘇代是戰國時期有名的外交家，為保衛燕國，他去遊說正要準備攻打燕國的趙惠文王。蘇代對趙惠文王是這樣說的：

「我在來貴國的路上，看到這樣一件事情。在河灘上，一個河蚌正在悠閒地曬著太陽。這時候有一隻鷸鳥發現了，便用嘴伸進張開的殼裏要啄食河蚌的肉，受驚的河蚌急忙併起兩殼夾住鷸的嘴。鷸鳥絲毫沒有放棄的意思，死活也不肯鬆開自己的嘴，河蚌為了保住性命，只好拼命閉緊自己的殼。就這樣，誰也不肯讓一步，最終都累得筋疲力盡，無法動彈。這時，漁夫出現了，不費吹灰之力就都捉了去。今天，燕趙兩國如果兵戎相見，最終雙方的軍民都落得疲憊不堪。到那時，像漁夫一樣撿便宜的，就是一直對燕趙兩國虎視眈眈的強秦了。」

在一定的社會環境中，如果一個個體的行爲不僅影響了他本人的利益，同時也影響了周圍其他人的利益，那麼，我們就將這個環境稱之爲「策略性環境」。

在這個環境中，我們要將環境中所有個體因素用策略性的眼光加以考慮，然後再採取行動。

舉一個簡單的例子，我們去商場買衣服。商場已經把衣服擺好並訂好了價格，而買與不買的決定權完全在於我們自己。然而在市場上，並不是只有這家商場才有權利去決定賣什麼，賣多少錢。在電子商務中，即使是非常普通的個體也能成爲賣主，決定自己商品的價格和種類。

在我們決定自己的行爲後，要把對手放在策略性環境之中，然後預測他在這種環境當中會對我們的行爲做出什麼樣的反應和決定。如果我們可以對於將來要發生的事情做出準確的預測，這對當前應採取的對策有著非常重要的作用。

也就是說，在策略性環境中，經濟學上考慮的是，每個人都在不停地預測將來要發生的事情，並盡可能地選擇對自己最有利的行爲。

現在我們回到「鷸蚌相爭，漁翁得利」的故事上。我們可以整理一下，看看應該怎樣去合理運用這種策略性的預測。有兩個要點：

第一，從結果開始考慮，即不是去考慮當前應該去做哪些事情，而是考慮在策略性關係的最終局勢中該如何去做，考慮完這個之後，再考慮在這之前該如何做。

我們先假設鷸鳥根本無法「預測」，也就是說鷸鳥根本就沒有想到河蚌在被啄住時還能拼命抵抗，那麼，它們倆被漁夫抓住的結局就無法避免。但實際上，鷸鳥當時應該怎樣考慮呢？它應該想到：如果我去啄河蚌，它要是反抗，雙方爭鬥起來，時間就會拖得太久，要是沒有第三者出現的話還好，如果這時候出現一個漁夫，那後果就不堪設想了。可惜鷸鳥並沒有考慮到這種後果，所以最終只能讓「漁翁得利」。

第二，不僅僅考慮自己的利害和動機，也要考慮對方的利害和動機。

我們現在假設，如果漁夫發現了鷸蚌之爭，並沒有立即去捉住牠們，而是饒有興趣地觀看到底誰會贏，那麼鷸鳥爲了取得最後的勝利，意氣風發地跟河蚌爭鬥也是情有可原的。但是，考慮一下漁夫的心理，毫無疑問，漁夫肯定是想要捉到這兩隻「獵物」的，所以完全可以預測漁夫不可能有耐心觀看完這場「比賽」。

7 千差萬別的理性經濟人

清代小說《鏡花緣》一書中杜撰了一個君子國。在君子國裏，人人都大公無私，絕不存有半點私心。

君子國也有交易行為，但賣者卻少要錢，而買者卻要多給錢。下面是其中的一幕場景：

買東西的人說：「我向你買東西所付的錢已經很少了，你卻說多，這是違心的說法。」

賣東西的人說：「我的貨物既不新鮮，又很平常，不如別人家的好。我收你貨價的一半，已經很過分了，怎麼可能收你的全價呢？」

買東西的人說：「我能識別好壞貨物，這樣好的貨物只收半價，太有失公平了。」

賣東西的人又說：「如果你真想買，就照前價減半，這樣最公平。如果你還說這價格太低了，那你就到別的商家去買，看還能不能買到比我這兒更貴的貨物。」

他們爭執不下，買東西的人給了全款，拿了一半的貨物轉身就走。賣東西的人堅決不讓走，路人駐足觀看，都說買東西的人「欺人不公」。最後，買東西的人拗不過大家，只好拿了上等貨物與下等貨物各一半才離開。

說到人的本性，我國古代聖賢孟子主張「性善論」，認爲人性是善良的；荀子則主張「性惡論」，認爲人性是邪惡的。千餘年來，關於人性的本源究竟是善是惡的爭論從來沒有停止過。而在經濟學世界中的人性假設則是理性經濟人。

理性經濟人，又稱作「經濟人假設」，經濟學正是在理性經濟人的假設下研究資源既定時的利益最大化問題：對個人是收入和效用最大化，對企業是利潤最大化和企業資產價值最大化，對國家而言就是GDP和社會福利的最大化。換句話說，經濟學認爲所有人都是理性經濟人，就是一切行爲的目標只爲個人利益最大化。因此，「君子國」中的人人利他的思想和行爲是不會在現實經濟生活中出現的。

理性經濟人假定人的思考和行爲都是目標理性的，唯一試圖獲得的經濟好處就是物質性補償的最大化。

亞當・斯密在《國富論》中的一段話對理性經濟人有較爲清晰的闡述：「我們每天所需要的食物和飲料，不是出自屠戶、釀酒家和麵包師的恩惠，而是出於他們自利的打算。我們不說喚起他們利他心的話，而說喚起他們利己心的話；我們不說我們自己需要，而說對他們有好處。」

亞當・斯密的這段論述向我們表明：人和人之間是一種交換關係，能獲得食物和飲料，是因爲每個人都要獲得自己最大的利益。

在經濟學世界裏，千差萬別的人都是理性經濟人：不懈地追求自身最大限度滿足的理性的人。它包含兩層意思：人是自利的，同時人又是理性的。也就是說，每個人做事情都是爲了有利於自己，並且每個人都知道做什麼事情和怎樣做事情才能有利於自己。

顯然，經濟人都是自利的，以自身利益的最大化作爲自己的追求。當一個人在經濟活動中面臨若干不同的選擇機會時，他總是傾向於選擇能給自己帶來更大經濟利益的那種機會，即總是追求最大的利益。但有一點需要指出，自利並不完全等於自私。舉個例子說，一個虔誠的基督教徒由於相信上帝，充滿了行善的願望，他人得到幸福時，他會覺得自己也幸福——他是自利的，但並不自私。

經濟人的理性思維，就是每個人都知道自己的利益所在，都會用最好的辦法去實現自己的利益。當然，這裏的「理性」指的是有限理性。因爲人不是全知全能的，人的行爲受到各種因素的制約，如佔有資訊的多少、理智和聰明的程度以及外部條件的複雜多變使人難以駕馭等。但是，儘管如此，每個人還是會盡力做出最有利於自己的決策。趨利避害既是每個人的本能，也是理性使然。

在經濟活動中，人人都是理性經濟人。比如，人們都希望買到「物美價廉」的商品，絕不會希望買「質次價高」的商品，因爲在經濟活動中，人會保持自利性和理性。

可能有人會有這樣的疑問：如果人人都是理性經濟人，都是理性且自利的，社會秩序會不會變得紊亂呢？以亞當·斯密爲代表的經濟學家給出了回答：「他追求自己的利益，往往能使他比在真正處於本意的情況下更有效地促進社會的利益。」也就是說，人人都是理性經濟人，在客觀上更有利於維護社會的秩序。

可以說，理性經濟人是經濟學的根基，沒有理性經濟人假設，就不能正確認識經濟規律，也不可能制定切實可行的經濟政策。但另一方面，我們也應該要看到理性經濟人只是一種人性假設，在現實生活中，人不可能處處都以經濟人的視角觀察世界。如果一味把理性經濟人的觀點運用到一切生活準則中，生活將不可避免地有點兒變味。

經濟學認爲所有人都是理性經濟人，並不是讚揚利己性，只是承認它是無法更改的人性。承認理性經濟人的存在只是對人類趨利本性的一個認識和引導。在現實的經濟活動中，我們不可能爲了實現自身利益最大化就不擇手段，我們必須遵循市場經濟的規律以及法律制度的約束。

8 愚公移山成本高，收益低？

我國古代有一個「愚公移山」的故事。愚公家門前有兩座大山擋著路，他決心把山平掉，另一個「聰明」的智叟笑他太傻，認爲不可能。愚公說：「我死了有兒子，兒子死了還有孫子，子子孫孫無窮無盡的，兩座山終究會鑿平。」後來因爲他的行爲感動天帝，所以天帝命大力神的兩個兒子搬走兩座山。這個故事比喻只要有毅力就可以成功。

但從經濟學的角度來說，愚公移山絕對不是精明的經濟學選擇。從經濟學的成本收益角度來看，挖山的成本過高，需要子子孫孫無數代的付出，收益僅僅是方便了愚公後代的出行。與搬家相比，移山顯然是成本高、收益低。當然，作爲一種精神，「愚公移山」代表著執著與堅持，受到了人們的尊重，這和經濟學不能混爲一談。

經濟學中，做出任何選擇必須考慮成本與收益。經濟學家講求實際，做任何一件事情，不是爲了表現什麼精神，而是要獲得某種利益，這種利益可以是個人的、群體的，也可以是整個社會的。要獲得利益就必須進行成本收益計算。

愚公移山只是爲了出行方便，而世世代代去挖太行和王屋這兩座大山，這究竟值不值得呢？挖山是有成本的，且不說爲了挖山所需要的鎬、筐等需要花費多少錢，僅就愚公一家人不從事任何有酬勞動，放棄的收入該有多少！如果天帝沒有將山移走，那愚公的後代可能直到現在還在挖山！

這就是愚公移山的預期成本。從成本收益的角度來說，很明顯是成本過高而收益過小。進行經濟活動前，我們必須首先學會計算成本。比如說你打算開一家服裝店，在計算成本時，你可能會考慮到店面的房租、進貨的費用、借款的利息、付給雇員的工資、水電費、稅金等。在扣除這些費用之後，你認爲自己還會賺到錢。但這樣的計算是不完全的，你漏掉了自己的工資，你墊付的資金的利息，還有開服裝店的機會成本等。只有把這些成本也考慮在內，才能判斷開服裝店是否値得。

因爲我們都是理性經濟人，所以在做任何事情的時候，都要考慮付出多少成本和會獲得多少收益。而要獲得收益，就必須進行成本與收益的分析，如果成本大於收益，一般都是不會去做的。

人們雖然都知道成本效益的概念，卻經常忽視從成本收益的角度看問題。因此，我們在做選擇時，應學會從成本收益的角度思考問題。

9 「朝三暮四」和「朝四暮三」還是有區別的

《莊子・齊物論》中有個「朝三暮四」的故事：

宋國有一個很喜歡飼養猴子的人，名叫狙公。他家養了一大群猴子，時間長了，他能理解猴子的意思，猴子也懂得他的心意。狙公寧可減少全家的食用，也要滿足猴子的要求。

然而過了不久，家裏越來越窮困了，狙公必須要減少猴子吃栗子的數量。但狙公又怕猴子不順從自己，就先欺騙猴子說：「給你們的栗子，早上三個晚上四個，夠吃了嗎？」猴子一聽，都站了起來，十分惱怒。過了一會兒，狙公又說：「給你們的栗子，早上四個，晚上三個，這該夠吃了吧？」猴子一聽，一個個都趴在地上，非常高興。

「朝三暮四」的成語故事原本是揭露狙公愚弄猴子的騙術，告誡人們要注重實際，防止被花言巧語所矇騙。在這個故事裏，因爲栗子的總量並沒有變化，所以猴子們的行爲顯得很愚蠢。

實際上，我們從經濟學的角度來看，可能得出的結論會大不一樣。古人們認爲總量是沒有變化的，因此覺得早上三個晚上四個和早上四個晚上三個是完全一樣的。其實不然，「朝三暮四」和「朝四暮三」還是有區別的，它們能給猴子帶來不同的效用。那麼，什麼才是效用呢？

在經濟學的發展史中，「效用」概念的出現無疑是一個突破。物品效用能滿足人的欲望和需求。在經濟學中，效用是用來衡量消費者從一組商品和服務之中獲得的幸福或者滿足的尺度。有了這種衡量尺度，我們就可以在談論效用的增加或者降低的時候有所參考。

效用不同於物品本身的使用價值。使用價值產生於物品的屬性，是客觀的；效用則是消費者消費某種物品時的主觀感受。效用價值論強調了物對人的滿足程度，而滿足程度完全是主觀的感覺，主觀價值是客觀交換價值的基礎。物品的有用性和稀少性都是價值形成不可缺少的因素，都是主觀價值的起源。例如在不同地點，人們對饅頭的不同主觀評價可以說明這個問題：

村子裏住著一位窮人和一位富人，有一天村裏突然發洪水了，窮人背著家裏最貴重的東西——一袋饅頭爬上了一棵樹，富人背著家裏最貴重的東西——一袋金子也爬上了這棵樹。

洪水沒有消退的跡象。第一天，窮人吃了一個饅頭，富人什麼也沒吃，眼睜睜地看著窮人吃。第二天，窮人又吃了一個饅頭，富人的肚子已經直打鼓了。到了第三天，富人實在是忍不住了，於是富人對窮人說：「我用一錠金子換你一個饅頭。」

在這個艱難時期，饅頭對人的效用無疑比金子大。

經濟學依賴一個基本的前提假定，即人們在做選擇的時候，傾向於選擇在他們看來具有最高價值的那些物品和服務。效用是消費者的主觀感覺，取決於消費者對這種物品的喜歡程度。消費者對某種物品越喜歡，這種物品帶來的效用就越大，他就越願意購買，需求也就越高。比如有人喜歡抽菸，那麼香菸對他而言效用就很高，但對於一位不願意聞菸味的小姐來說，香菸則屬於效用很低，甚至是負效用的物品，而可能更鍾情於化妝品或者衣服之類的東西。

10 鄭人買履——交易成本實在是太高

《韓非子》裏有一則「鄭人買履」的故事。

有個鄭國人，想要到集市上去買鞋子。早上在家裏時量了自己的腳，把量好的尺碼放在了自己的座位上。到了集市，當他拿起鞋子的時候，才想起自己忘了帶尺碼，於是對賣鞋子的人說：「我忘記帶量好的尺碼了。」於是就返回家去取量好的尺碼。

等到他再返回集市的時候，集市已經散了，最終沒有買到鞋。有人問他說：「你為什麼不用你的腳試鞋呢？」他說：「寧可相信量好的尺碼，也不相信自己的腳。」

「鄭人買履」的寓言意在諷刺那些固執己見、死守教條、不知變通、不懂得根據客觀實際採取靈活對策的人。單從鄭人買鞋的結果來看，他在集市與家之間往返兩趟，浪費了大量的時間和精力，最終還是沒有買到鞋子。用經濟學的話來說，他的交易費用實在是太高了。

交易費用又稱交易成本，最早由美國經濟學家羅奈爾得‧科斯提出。他在《企業的性質》一文中指出：交易成本是通過價格機制組織產生的，最明顯的成本就是所有發現相對價格的成本，市場上發生的每一筆交易的談判和簽約費用，以及利用價格機制存在的其他方面的成本。

學術界一般認爲交易費用分爲廣義交易費用和狹義交易費用兩種。廣義交易費用即爲了衝破一切阻礙，達成交易所需要的有形及無形的成本。狹義交易費用是指市場交易費用，即外生交易費用。包括搜索費用、談判費用以及履約費用。

總體而言，可將交易成本區分爲以下幾項：

商品資訊與交易對象資訊的搜集，在琳琅滿目的商品種類中尋找到自己所需要的，必定要付出一定的時間或精力，這是搜尋成本。

取得交易對象資訊和與交易對象進行資訊交換所需的成本，這是資訊成本。

交易成本還包括議價成本，針對契約、價格、品質討價還價的成本。在討價還價中，所耽誤的時間應計算在內，當然還有雙方調整適應不良的談判成本。此外還有決策成本，即進行相關決策與簽訂契約所需的內部成本。交易發生後，違約時也要付出一定的成本。

在生活中，我們每個人爲了實現自己的交易行爲，都需以不同的形式支付交易成本。

如果你是一個抽菸的人，明明知道樓下便利商店香菸的價錢比賣場裏要貴，但你還是在樓下便利店裏購買。雖然我們可能根本沒有注意到交易成本的概念，其實這個行爲本身已經包含了交易成本。

我們簡單來分析一下：在樓下便利商店裏買香菸雖然比較貴，但你只需下樓就能買到香菸。倘若去賣場，你要開車或乘車，或要多走很長時間的路，其中所消耗的時間是你並不願意支付的。多花一點錢，爲自己節省了時間和精力，對於絕大多數人來說是很合算的。也就是說，樓下便利商店在訂價的時候，已經將你的交易成本算進去了。

交易成本是人與人之間交易時所必需的成本。對於不同的人來說，其自身的交易成本是不同的。在菜市場上可以看到不少老奶奶與小商販爲幾塊錢而討價還價。這是因爲老奶奶已經退休，她用來討價還價的時間並不能用作別處，如果能買到便宜的蔬菜，就是降低了自己的生活成本。但是如果放到年輕人身上，貴幾塊錢就貴幾塊錢吧，有討價還價的時間還不如多賺點錢呢。

11 從「田忌賽馬」中學習資源配置

《史記》中記載了「田忌賽馬」的故事：

田忌經常與齊王及諸公子賽馬，設重金賭注。但每次田忌和齊王賽馬都會輸，原因是田忌的馬比齊王的馬稍遜一籌。

孫臏透過觀察發現，齊王和田忌的馬大致可分為上、中、下三等，於是，孫臏對田忌說：「您只管下大賭注，我能讓您取勝。」田忌相信並答應了他，與齊王和諸公子用千金來賭勝。

比賽即將開始，孫臏說：「現在用您的下等馬對付他們的上等馬，用您的上等馬對付他們的中等馬，用您的中等馬對付他們的下等馬。」三場比賽過後，田忌一場落敗而兩場得勝，最終贏得齊王的千金賭注。

後來，田忌把孫臏推薦給齊王。齊王向他請教兵法後，就請他當自己的老師，孫臏的才學有了更寬廣的用武之地。

同樣是三匹馬，由於選擇的配置方法不同，結果也大不相同。田忌的馬要比齊王的馬低劣，在這樣的不利條件下，孫臏只是利用選擇配置的不同就贏得了比賽。在做選擇的過程中，我們應該學習「田忌賽馬」中孫臏權衡取捨的智慧。

從某種意義上來說，經濟學就是關於資源配置的學問。美國經濟學家保羅・薩繆爾森說：「經濟學研究人與社會如何做出最終抉擇，在使用或者不使用貨幣的情況下，來使用可以有其他用途的稀缺的生產性資源，在現在或將來生產產品，並把產品分配給各個成員以供消費之用。它分析改進資源配置形式可能付出的代價和可能產生的效益。」因此，學會「權衡取捨」，才能做出適合的決策，獲得最大收益。

人的欲望是無限的，但用於滿足欲望的資源是有限的，所以，要決定用什麼資源去滿足那些欲望。這就涉及到資源配置的問題。資源配置的實質是權衡取捨，即在取捨之間實現利益的最大化。

「權衡取捨」的情況隨處可見，與人們的生活息息相關。例如，你只有買一套衣服的預算，但同時看中了兩套各具特色的衣服，究竟選擇哪一套？你攢了一筆錢準備添置新的傢俱，是買一套組合櫃呢，還是買一套新沙發？你大學快畢業了，是攻讀研究生繼續深造，還是去工作賺錢？兩個男人都很愛你，你是選擇有錢的，還是選擇有才華的……做這些決策的過程其實就是在「權衡取捨」的過程。

每個人都會面臨「權衡取捨」，大致上體現如下的規律：每個人都會自然地做出趨利避害的決策，選擇對自己利益最大化的結果；人們會清楚認識到自己面臨的選擇的約束條件，以盡可能實現自己付出的代價最小化。「權衡取捨」的情況越多，意味著人們的選擇和自由度越大。

現代社會可供選擇的對象太多，我們該如何選擇，也是在考驗我們的「權衡取捨」智慧。商業社會有很多人患有「選擇型恐懼症」，就是因爲自己的選擇一再失誤，從而不敢再去選擇了。因此，「權衡取捨」是一門高深的學問，懂得以經濟學的思維思考問題，對於我們的選擇必將有所裨益。

第2章

不懂經濟學，十八歲以後的未來將無比艱辛

十八歲之前，你的經濟條件由你的父母決定。而等到十八歲之後，貧窮還是富有，就由你自己負責了。

激起你的鬥志，即便你的理想不是成為大富翁，只要你想成為在經濟上比較自由的人，就必須儘早積累經濟知識，並把它們應用在日常生活中，享受擁有財富帶給你的喜悅！

1 貝爾效應——想著成功，成功的景象就會在內心形成

貝爾效應的提出者是美國佈道家、學者貝爾。他認爲，不論環境如何，在我們的生命裏，均潛伏著改變現實環境的力量。如果你滿懷信心，積極地想著成功的景象，那麼世界就會變成你想要的模樣。你可以達到成功的頂峰，也可以在庸庸碌碌中悲嘆。而這一切不同，僅僅取決於你是否有成功的信念！

很多事情我們做不成，並不一定是因爲它們難，而在於我們不敢做。

英國前首相威廉・皮特還是一個孩子時，就相信自己一定能成就一番偉業。在成長過程中，無論他身在何處，無論他做些什麼，不管是在上學、工作還是娛樂，他從未放棄過對自己的信心，不斷地告訴自己應該成功，應該出人頭地。

這種自信的觀念在他身體的每一個細胞中生根發芽，並鼓勵著他鍥而不捨、堅忍不拔地朝著自己的人生目標——做一個公正睿智的政治家前進。廿二歲那年，他就進入了國會；第二年，他就當上了財政大臣；到廿五歲時，他已經坐上了英國首相的寶座。憑著一股要成功的信念，威廉・皮特完成了自己的目標。

英國作家夏洛蒂很小就認定自己會成為偉大的作家。中學畢業後，她開始向成為偉大作家的道路努力。當她向父親透露這一想法時，父親卻說：寫作這條路太難走了，你還是安心教書吧。她給當時的桂冠詩人羅伯特・騷塞寫信，兩個多月後，她日日夜夜期待的回信這樣說：文學領域有很大的風險，你那習慣性的遐想，可能會讓你思緒混亂，這個職業對你並不合適。但是夏洛蒂對自己在文學方面的才華太自信了，不管有多少人在文壇上掙扎，她堅信自己會脫穎而出。她要讓自己的作品出版。終於，她先後寫出了長篇小說《教師》、《簡・愛》，成為了公認的著名作家。

也許有人認爲這是以偏概全，會說成功哪會那麼容易。可事實是，只要你相信，成功真的沒有想像的那麼難。

其實，人世中的許多事，只要想做，並相信自己能成功，那麼你就能做成。所以，對那些說你不會成功、你生來就不是成功者的料、成功不是爲你準備的等等閒言碎語，你完全可以置之不理，你只需用行動來證明自己的能力。想著成功，你的內心就會形成爲成功而奮鬥的無窮動力。不管遇到什麼困難，都要堅信自己一定能成功，那麼，最終你也一定會成功。要知道，你來到世間就是爲了取得成功！

2 昨天是張作廢的支票，明天是尚未兌現的期票，只有今天是現金

按照經濟學的觀點，昨天是張作廢的支票，明天是尚未兌現的期票，只有今天才是現金，才具有流通價值。

在生活中，有過許許多多這樣的日子：我們常常爲昨天的失落念念不忘，耿耿於懷；又常常爲明天的美麗意氣風發，熱血沸騰。然而，或許你覺察不到，就在這埋怨與幻想中，就在這追悔與興奮中，我們失去了最寶貴也最容易逝去的今天。昨天是失去的今天，明天是未來的今天。只有今天，才是我們真實地擁有著的。

中外無數成功人士的實例證明，只有把握好今天，才能走出昨天，開創明天。

在美國華爾街的股票市場交易所，依文斯工業公司是一家保持了長久生命力的公司。但你可知道，公司的創始人愛德華・依文斯曾因爲絕望而差點自殺？

愛德華・依文斯生長在一個貧苦的家庭裏，起先靠賣報來賺錢，然後在一家雜貨店當店員。八年之後，他才鼓起勇氣開始自己的事業。

然後，厄運降臨了——他替一個朋友背負了一張面額很大的支票，而那個朋友破產了。禍不單行。不久，那家存著他全部財產的大銀行垮了，他不但損失了所有的錢，還負債十六萬美元。他經受不住這樣的打擊，開始生起奇怪的病來。

有一天，他走在路上的時候，昏倒在路邊，以後就再也不能走路了。最後醫生告訴他，他只有兩個禮拜好活了。想到只有幾天好活了，他突然感覺到生命是那麼的寶貴。於是，他放鬆了下來，好好把握著自己的每一天。奇蹟出現了。兩個禮拜後依文斯並沒有死，六個禮拜以後，他又能回去工作了。經過這場生死的考驗，他明白了患得患失是無濟於事的，對一個人來說，最重要的就是要把握住當下。他以前一年曾賺過兩萬塊錢，可是現在能找到一個禮拜三十塊錢的工作，就已經很高興了。

正是這種心態，使得愛德華・依文斯的事業發展非常快。不到幾年，他已是依文斯工業公司的董事長了。也正是因為學會了只生活在今天的道理，愛德華・依文斯取得了人生的勝利。

昨天屬於死神，明天屬於上帝，惟有今天屬於我們。把握好今天，我們才擁有一個真實的自己。充分珍惜和利用好每一個今天，我們才能掙脫昨天的痛苦，踏平一路的坎坷，耕耘今天的希望，收穫明天的喜悅。

3 因果定律——任何一種結果的出現，都不是偶然

「因果定律」是由著名哲學家蘇格拉底提出的，又稱爲因果法則，指無論哪一方面的成功或失敗都不是偶然的，而是有著一定因果關係的必然，即每件事情的發生都有某個理由，每個結果都有特定的原因。這個法則非常深奧且具極大影響力，以致世人將其稱之爲人類命運的「鐵律」，心理學家將其歸納爲：種瓜得瓜，種豆得豆，種下什麼樣的因，就得到什麼樣的果。

因果定律說明的是，發生在你生活中的任何一件事情的結果，必定有一個或多個與其相伴而生的原因，簡單說，就是人們每天都生活在因果定律之中。從天體運行、四季輪迴，到大地回春……這一切都和因果定律息息相關，也可以說是因果定律運行的結果。

因果定律以最簡單的形式告訴人們，如果生活中你爲自己設定了想要得到的結果，你就需要追溯前人，看一看那些得到這個結果的人是怎麼樣做的，並爲這個結果不停地努力、付出。如果你能夠做和成功人士同樣多的事情，你獲得的結果也將和他們同樣多。這不是奇蹟，而是一個很自然的規律。

拿破崙・希爾曾被邀請到一所大學做演講，他受到了熱烈的歡迎，當校方付給他一百美元的酬勞時，他說此行不虛，因此婉言拒絕了該項報酬。

後來那所大學的校長，將這件事情動情地說給了他的學生，校長說：「我在這所大學待了二十年，期間我曾邀請過很多人士給學生們發表演講，但這是我碰到的第一個拒絕接受演講酬金的人，他說他在演講中收穫的東西足以勝過他演講的酬勞。事實上，這個拒絕酬金的人是一家大型雜誌的總編，所以，我建議你們去訂閱他的雜誌，因為，他身上的美德以及能力，是你們在書本中學不到的，也是將來踏入社會後必須用到的。」

後來，拿破崙・希爾主編的《希爾的黃金定律》由此獲得了這些學生六千多美元的訂閱費，並在日後的發展中，獲得這所大學的學生以及他們的朋友五萬多美元的訂閱費。

有的人一生獲得無數次成功，有的人連一次成功的滋味都沒品嘗過。你是否想過爲什麼會出現這種截然不同的結果？失敗的人抱怨自己的運氣差，甚至將其推脫給客觀條件或外在因素；成功人士在總結經驗時，經常要提到自己的聰明才智和好運氣，但同時也強調了極爲重要的一點——吃得苦中苦，方爲人上人，這是多麼重要的一點，它有力地向人們詮釋了因果定律的關係。

4 世界上最先進的運輸系統設計，由兩匹馬屁股的寬度決定？

美國經濟學家道格拉斯・諾思提出：「一旦人們做了某種選擇，就好比走上了一條不歸之路，慣性的力量會使這一選擇不斷自我強化，並讓你不能輕易走出去。」道格拉斯・諾思用「路徑依賴」理論成功地闡釋了經濟制度的演進規律，從而獲得了一九九三年的諾貝爾經濟學獎。

諾思認爲，路徑依賴類似於物理學中的「慣性」，一旦進入某一路徑（無論是「好」的還是「壞」的）就可能對這種路徑產生依賴。某一路徑的既定方向會在以後發展中得到自我強化。人們過去做出的選擇決定了他們現在及未來可能的選擇。好的路徑會對企業起到正回饋的作用，通過慣性和衝力，產生飛輪效應，企業發展因而進入良性循環；不好的路徑會對企業起到負面的作用，企業可能會被鎖定在某種無效率的狀態下而導致停滯。而這些選擇一旦進入鎖定狀態，想要脫身就會變得十分困難。

在現實生活中，路徑依賴現象無處不在。一個著名的例子是：

現代鐵路兩條鐵軌之間的標準距離是四英尺又八點五英寸，為什麼採用這個標準呢？原來，早期的鐵路是由建電車的人所設計的，而四英尺又八點五英寸正是電車所用的輪距標準。那麼，電車的標準又是從哪裏來的呢？

最先造電車的人以前是造馬車的，所以電車的標準是沿用馬車的輪距標準。馬車又為什麼要用這個輪距標準呢？因為古羅馬人軍隊戰車的寬度就是四英尺又八點五英寸。羅馬人為什麼以四英尺又八點五英寸為戰車的輪距寬度呢？原因很簡單，這是牽引一輛戰車的兩匹馬屁股的寬度。

有趣的是，美國太空梭燃料箱的兩旁有兩個火箭推進器，因為這些推進器造好之後要用火車運送，路上又要通過一些隧道，而這些隧道的寬度只比火車軌道寬一點，因此火箭助推器的寬度由鐵軌的寬度所決定。所以，今天世界上最先進的運輸系統的設計，在兩千年前便由兩匹馬的屁股寬度決定了！

人們關於習慣的一切理論都可以用「路徑依賴」來解釋。它告訴我們，要想路徑依賴的負面效應不發生，那麼在最開始的時候就要找準一個正確的方向。每個人都有自己的基本思維模式，這種模式很大程度上會決定你以後的人生道路。

在國際IT行業中，戴爾電腦是一個財富的神話。

戴爾電腦公司從一九八四年成立時的一千美元，發展到二〇〇一年銷售額達到三百一十億美元，是一段頗富傳奇色彩的經歷。

戴爾公司有兩大法寶：「直接銷售模式」和「市場細分」方式。而據戴爾的創始人麥克爾・戴爾透露，他早在少年時就已經奠定了這兩大法寶的基礎。

戴爾十二歲那年，進行了人生的第一次生意冒險——為了省錢，酷愛集郵的他不想再從拍賣會上買郵票，而是說服一個同樣喜歡集郵的鄰居把郵票委託給他，然後在專業刊物上刊登賣郵票的廣告。出乎意料地，他賺到了兩千美元，第一次嘗到了「直接接觸」的好處。有了第一次，就再也忘不掉了。後來，戴爾的創業一直和這種「直接銷售」模式分不開。

上初中時，戴爾就已經開始做電腦生意了。他自己買來零件組裝後再賣掉。在這個過程中，他發現一台售價三千美元的ＩＢＭ個人電腦，零件只要六七百美元就能買到。而當時大部分經營電腦的人並不太懂電腦，不能為顧客提供技術支援，更不可能按顧客的需要提供合適的電腦。這就讓戴爾產生了靈感：自己改裝電腦，不但有價格上的優勢，還有品質和服務上的優勢，能夠根據顧客的直接要求提供不同功能的電腦。

這樣，後來風靡世界的「直接銷售」和「市場細分」模式就誕生了。其核心就是：真正按照顧客的要求來設計製造產品，並把它在盡可能短的時間內直接送到顧客手上。

此後，戴爾便憑藉著他發現的這種模式，一路做下去。從一九八四年戴爾退學開設自己的公司，到二〇〇二年排名《財富》雜誌全球五百強中的第一三一位，其間不到二十年時間，戴爾公司成了全世界最著名的公司之一。正是初次做生意時的正確路徑選擇，奠定了後來戴爾事業成功的基礎。

孔子曰：「少成若天性，習慣如自然。」在職業生涯中，我們無法擺脫這種路徑依賴，一旦我們選擇了自己的「馬屁股」，我們的人生軌道可能就只有四英尺又八點五英寸寬。以後我們即便對這個寬度不滿意，可能也已經很難改變它了。我們唯一可以做的，就是在開始時慎重選擇「馬屁股」的寬度。

5 奧卡姆剃刀定律——將複雜的東西簡單化

奧卡姆剃刀是由十四世紀英格蘭聖方濟各會修士威廉提出來的一個原理。他出生在英格蘭薩里郡的奧卡姆鎮。威廉曾在巴黎大學和牛津大學學習，知識淵博，能言善辯，被人稱爲「駁不倒的博士」。威廉曾寫下了大量的著作，但都影響不大。但他卻提出了這樣的一個原理：如無必要，勿增實體。其含義是：只承認一個確實存在的東西，凡干擾這一具體存在的空洞的普遍性概念都是無用的累贅和廢話，應當一律取消。

他利用這個原理證明了許多結論，包括「通過思辨不能得出上帝存在的結論」。這使他不受羅馬教皇的歡迎。不久，他被教皇作爲異教徒關進了監獄，爲的是不使他的思想得到傳播。在獄中過了四五年，他找到機會逃了出來，並投靠了教皇的死敵——巴伐利亞的王爺。他對王爺說：「你用劍來保衛我，我用筆來保衛你。」正是這次成功的越獄，成就了威廉的威名。他的格言「如無必要，勿增實體」也得到了廣泛的傳播。這一似乎偏激獨斷的思維方式，後來被人們稱爲「奧卡姆剃刀」定律。

奧卡姆剃刀定律的出發點就是：大自然不做任何多餘的事。如果你有兩個原理，它們都能解釋觀測到的事實，那麼你應該使用簡單的那個，直到發現更多的證據。對於現象最簡單的解釋往往比複雜的解釋更正確。一句話：把煩瑣累贅一刀砍掉，讓事情保持簡單！

「奧卡姆剃刀」是最公平的刀，無論科學家還是普通人，誰能有勇氣拿起它，誰就是成功的人。這把剃刀出鞘以後，一個又一個科學家，如哥白尼、牛頓、愛因斯坦等，都在「削」去理論或客觀事實上的累贅之後，「剃」出了精煉得無法再精煉的科學結論。

經過數百年的歲月，奧卡姆剃刀已被歷史磨得越來越快，它早已超越了原來狹窄的領域，具有了更廣泛、豐富和深刻的意義。

通用電氣公司前董事長傑克・韋爾奇也是深得威廉的真傳。他用一把銳利的剃刀剪去了通用電氣身上背負了很久的官僚習氣，使通用能夠輕裝上陣，取得巨大的成功。

在美國企業界，很久以來存在著一種傳統認識，即經理們的工作就是在低層和高層管理者之間互相發出便函，到處舉辦高層會議，確保工廠裏和其他地方一樣運行正常。一句話，經理就是監督部下正常工作。但是在一九八一年出任通用電氣公司總裁的傑克・韋爾奇排斥這些做法，他認為採取這種方式的經理們是些官僚管理者，是歷史遺留問題。而對於陳舊的傳統，傑克・韋爾奇歷來深惡痛絕。

通用電氣是一家多元化公司，擁有眾多的事業部和成千上萬的員工，如何有效地管理這些員工，使他們達到盡可能高的生產率，是傑克・韋爾奇一直苦苦思索的問題。他認為，過多的管理促成了懈怠、拖拉的官僚習氣，會把一家好端端的公司毀掉。最後他總結出一個在他看來是最正確而且也必將行之有效的結論：管理越少，公司情況越好。

從接手主持通用電氣的那一刻起，韋爾奇就認為這是一個官僚作風很嚴重的地方。控制和監督在管理工作中的比例太高了。他決定讓主管們改變他們的管理風格。

韋爾奇想要從自己的字典裏淘汰掉「經理」一詞，原因在於它意味著「控制而不是幫助，複雜化而不是簡單化，其行為更像統治者而不是加速器」。「一些經理們，」韋爾奇說，「把經營決策搞得毫無意義的複雜與瑣碎。他們將管理等同於高深複雜，認為聽起來比任何人都聰明就是管理。他們不懂得去激勵人。我不喜歡『管理』所帶有的特徵——控制、抑制人們，使他們處於黑暗中，將他們的時間浪費在瑣事和彙報上。緊盯住他們，你無法使人們產生自信。」

相反，韋爾奇非常鍾愛「領導者」這個詞。在他看來，領導者應是那些可以清楚地告訴人們如何做得更好，並且能夠描繪出遠景構想來激發人們努力的那種人。管理者們互相交談，互相留言。而領導者跟他們的員工談話，與他們的員工交談，使員工們腦海中充滿美好的景象，使他們在自己都認為不可能的地位層次上行事，然後領導者們只要讓開道路就行了。

正是在這些想法的指導下，韋爾奇向通用電氣公司的官僚習氣宣戰：簡化管理部門；加強上下級溝通，變管理為激勵、引導；要求公司所有的關鍵決策者瞭解所有同樣關鍵的實際情況……在韋爾奇神奇剃刀的剪裁下，通用保持了連續二十年的輝煌戰績。

別以為「奧卡姆剃刀」只放在天才的身邊，其實，它無處不在，只是有待人們把它拿起。只要我們勇敢地拿起「奧卡姆剃刀」，把複雜的事情簡單化，你就會發現人生其實很簡單，成功離你其實也並不遠。

6 隧道視野效應——視野開闊，方能看得高遠

一個人若身處隧道，他看到的就只是前後非常狹窄的視野。

現在的麥當勞，已經發展成為全世界速食業的巨無霸。可你知道嗎，這並不是它的創始人麥當勞兄弟的功勞。將麥當勞一手做大的，是另一個叫瑞·克羅克的人。

克羅克是一個一生坎坷的人，年過五十後還事業無成，做著一門小小的生意——推銷奶昔機器。一次偶然的機會，他發現業務報表上有一家叫麥當勞的汽車餐廳，一口氣訂購了八台奶昔機器。他認定這是一家不一般的店，立刻動身前往觀看。

他發現，這家餐廳的生意很是紅火。克羅克敏銳地意識到，隨著社會生活節奏的加快，麥當勞這樣的速食店會越來越受到人們的青睞。於是，他立即找到了餐廳老闆麥當勞兄弟，要求合夥與他們做生意。

克羅克向他們陳述了自己的想法，告訴他們要是去別的城市開幾家分店的話，將會大大提高現在的營業額，並自告奮勇為他們開路，只要他們提供資金。但麥當勞兄弟並不感興趣，他們已經很滿足了。因為當時憑著這一個店，一年就已經能夠穩賺廿五萬美元，這在當時不是個小數字。不過，他們同意讓克羅克加入，幫他們料理生意。

克羅克進入速食店後，很快就掌握了經營速食店的一套辦法。他曾多次建議麥當勞兄弟改善營業環境，以吸引更多的顧客；並提出一系列經營方法，以擴大業務範圍，增加服務種類，獲取更多的營業收入。

由於克羅克經營有道，為店裏招徠了不少顧客，生意越做越好。這使麥當勞兄弟對他極為看重，對他更加信賴。餐館名義上仍是麥氏兄弟的，但實際上餐館的經營管理、決策權慢慢已經完全掌握在克羅克的手中了。

與此同時，克羅克不忘做大麥當勞的想法，建議麥氏兄弟在全國各地開設連鎖店。在克羅克的努力下，六年之後，麥當勞在全美國的連鎖店達到兩百多家，克羅克已經看到了一個速食帝國的前景。

通過與麥氏兄弟的合作，他發現這兩個人目光短淺，跟他們長期合作不會有太大發展前途。想著速食帝國的廣闊前景，克羅克決定買下麥當勞，自己獨自單幹。

一九六一年，克羅克與麥氏兄弟進行了一次艱難的談判。最終，克羅克以兩百七十萬美元的現金買下麥當勞餐館。麥氏兄弟面對如此誘人的價格終於動心了。雙方就此達成協議，並很快進行了產權交割，辦理了移交手續。這件事在當時引起了轟動。

經過四十餘年的發展，目前麥當勞已有七萬多家店鋪，遍佈全球一百多個國家和地區，幾乎達到了每四小時開一家新店的速度。一九六五年四月，麥當勞公司股票上市時，每股為二二五元，不到一個月就漲了一倍。二十年後，股價約為原來的一百七十五倍。

麥當勞兄弟創立了麥當勞，最後卻又失去了麥當勞，他們可以經營好一個店，卻沒有戰略的眼光，看不到未來的趨勢，所以經營了廿五年，一個店還是一個店，直到克羅克的出現，才把麥當勞打造成了一個王國。

識時務者爲俊傑。一件事情，重要的不只是現在怎樣，還有將來會怎樣。看清了它的將來，堅定不移地去做，事業就已經成功了一半。

做個聰明的經濟人，在放棄微小利益的同時，獲得更大的利益！

7 特里法則——要勇於承認錯誤

美國田納西銀行前總經理L・特里認爲：「正視錯誤，你會得到錯誤以外的東西。」

吃五穀生百病，人不是神，總有自己的缺點，誰都難免會犯一些錯誤。當我們犯錯誤的時候，腦子裏往往會出現想隱瞞自己錯誤的想法，害怕承認之後會很沒面子。

其實，承認錯誤並不是什麼丟臉的事。反之，在某種意義上，它還是一種具有「英雄色彩」的行爲。因爲錯誤承認的越及時，就越容易得到改正和補救。而且，由自己主動認錯也比別人提出批評後再認錯更容易得到別人的諒解。更何況一次錯誤並不會毀掉你今後的道路，真正會阻礙你的，是那不願承擔責任，不願改正錯誤的態度。

勇於承認錯誤和失敗也是企業生存的法則。市場不是兩軍對壘的戰場，企業也不是軍隊。承認失敗，許多時候可以避免更大的市場損失，可以重新調整自己的市場策略，也就可以重新取得市場機會。

我們再看看世界那些百年企業的發展歷史，它們沒有一個未曾經歷過失敗，重要的是他們都能夠從失敗中重新站起來。

肯德基無疑是個成功的企業。殊不知肯德基在進軍香港時，也曾經歷過慘重的失敗。

一九七三年肯德基將目光瞄準了香港，同年六月，第一家肯德基店在香港開業，一九七四年數量已達到十一家。聲勢浩大的廣告宣傳，加上獨特的烹調方法和配方，使得顧客們都很樂於一試，可以說肯德基在香港前途光明。

但是，到了一九七四年九月，肯德基公司突然宣布多家速食店停業，僅剩四家還硬撐著門面，一九七五年二月，首批進入香港的肯德基差不多全軍覆沒，紛紛停業關門。

達爾文曾經說過：「任何改正都是進步。」歌德也說過：「最大的幸福在於我們的缺點得到糾正和我們的錯誤得到補救。」敢於承認錯誤，汲取教訓，我們才能以嶄新的面貌去迎接更加激烈的競爭和挑戰！

8 卡貝定理——在未學會放棄之前，你將很難懂得什麼是爭取

美國電話電報公司前總經理卡貝指出：「在未學會放棄之前，你將很難懂得什麼是爭取。」

現代社會似乎爲我們描繪了一幅幅風和日麗、欣欣向榮的財富畫卷，而一個個詩情畫意、神乎其神的成功故事，則更令我們激情衝動、意亂情迷。於是，在眾多的致命誘惑面前，太多的人忘卻了理性的分析和選擇，忘卻了放棄，而任憑欲望的野馬在陷阱密佈的商界裏縱橫馳騁。殊不知，「放棄」也是一種戰略智慧。學會了放棄，你也就學會了爭取。

成立於一八八一年的日本鐘錶企業精工舍，是一家世界聞名的大企業。它生產的石英表、「精工・拉薩爾」金錶遠銷世界各地，其手錶的銷售量長期位於世界第一的位置。它能取得這樣的成功，完全取決於其第三任總經理服部正次的放棄戰略。

一九四五年，服部正次就任精工舍第三任總經理。當時的日本還處在戰爭破壞後的滿目瘡痍中。精工舍步伐疲憊，征程未洗。而這時，有「鐘錶王國」之稱的瑞士，由於沒有受到二戰的破壞影響，其手錶一下子佔據了鐘錶行業的主要市場。精工舍面臨著巨大的生存危機！

服部正次並不為困難所嚇倒，他沉著冷靜，制定了「不著急，不停步」的戰略，著重從品質上下手，開始了趕超鐘錶王國的步伐。

十多年過去了，服部正次帶領的精工舍取得了長足的進展，但仍然無法與瑞士表分庭抗禮。整個二十世紀六〇年代，瑞士年產各類鐘錶一億支左右，行銷世界一百五十多個國家和地區，世界市場的佔有額也達到了百分之五十至八十之間。有「錶中之王」美譽的勞力士和浪琴、歐米茄等瑞士名錶，依然是各國達官貴人、富商巨賈等人財富地位的象徵。無論精工舍在品質上怎樣下功夫，都無法趕上瑞士錶的品質標準！

怎麼辦？是繼續尋求品質上的突破，還是別走他徑？服部正次思量著。他看到，要想在品質上超過有深厚製錶傳統的瑞士，那幾乎是不可能的。服部正次認為精工舍該換個活法了，他要帶領精工舍另走新路。經過慎重的考慮，服部正次決定放棄在機械錶製造上和瑞士錶的較勁，轉而在新產品的開發上做文章。

經過幾年的努力，服部正次帶領他的科研人員成功地研製出了一種新產品——石英電子錶！與機械錶相比，石英錶的最大優勢就是走時準確。錶中之王的勞力士月誤差在一百秒左右，而石英錶的誤差卻不超過十五秒。一九七〇年，石英電子錶開始投放市場，立即引起了鐘錶界和整個世界的轟動。到七〇年代後期，精工舍的手錶銷售量就躍居到了世界首位。

在電子錶市場牢牢站穩了腳跟後，一九八〇年，精工舍收購了瑞士以製作高級鐘錶著稱的「珍妮・拉薩爾」公司，轉而向機械錶王國發起了進攻。不久，以鑽石、黃金為主要材質的高級「精工・拉薩爾」錶開始投放市場，馬上得到了消費者的認可，成為了人們心中高品質的象徵。

放棄戰略使精工舍取得了巨大的成功。在風雲變幻的商場，這種例子不勝枚舉。摩托羅拉公司放棄了製造，將製造中心託付給新加坡和中國，它贏得了自己在研發和市場的戰略制高點。同樣，「買賣的松下」和「服務的ＩＢＭ」放棄了「統一於技術」的戰略導向，而日立、索尼、本田、惠普等則放棄了「統一於市場」的戰略努力。放棄是一種基於戰略的價值判斷，是一種有進有退、以退爲進、以守爲攻、張弛有度的戰略智慧。

面對戰略選擇的諸多困境，選擇放棄需要更大的勇氣和膽識，需要非凡的毅力和智慧。因此，企業家應勇於擺脫成功光環陰影的羈絆，把企業的利益作爲最高利益，把企業的可持續發展作爲終極追求。面對「燈紅酒綠」的規模、利潤等諸多誘惑，企業家同樣要能夠耐得住寂寞，多一些耐心和耐力，少一些焦灼和浮躁。太多的經驗教訓告訴我們：成功的企業是不斷地進行理性的放棄才獲得了持久的成功，而失敗的企業則因錯誤的堅持才導致了最終的失敗。

9 杜根定律──如果你只接受最好的，你最後得到的往往也是最好的

美國職業橄欖球聯會前主席D・杜根提出：「如果你只接受最好的，你最後得到的往往也是最好的，只要你有信心。」

有一個人經常出差，經常買不到對號入座的車票。可是無論長途短途，無論車上多擠，他總能找到座位。他的辦法其實很簡單，就是耐心地一節車廂一節車廂找過去。這個辦法聽上去似乎並不高明，但卻很管用。每次，他都做好了從第一節車廂走到最後一節車廂的準備，可是每次他都用不著走到最後就會發現空位。他說，這是因爲像他這樣鍥而不捨找座位的乘客實在不多。經常是在他落座的車廂裏尙餘若干座位，而在其他車廂的過道和車廂接頭處，居然人滿爲患。

他說，大多數乘客輕易就被一兩節車廂擁擠的表面現象迷惑了，不大細想在數十次停靠之中，從火車十幾個車門上上下下的流動中蘊藏著不少提供座位的機會；或者即便想到了，他們也沒有那一份尋找的耐心。有些人也許會覺得不值得，他們同樣會擔心，萬一找不到座位，回頭連個好好站著的地方也會失去。與生活中一些安於現狀不思進取害怕失敗

的人，永遠只能滯留在沒有成功的起點上一樣，這些不願主動尋找座位的乘客大多只能在上車時的落腳之處一直站到下車。

自信、執著、富有遠見、勤於實踐，會讓你握有一張人生之旅的永遠坐票。

有「世界第一CEO」之稱的前通用電氣公司董事長傑克・韋爾奇，出生在一個典型的中產階級家庭。父母結婚十六年後才有了這個獨生子，父親為波士頓與緬因鐵路公司工作，早出晚歸，所以培養孩子的任務就落在了母親的肩上。

與其他獨生子女母親不太一樣的是，她對兒子的關心更主要體現在提升他的能力和意志上。傑克非常尊敬乃至崇拜母親：「她是一位非常有權威性的母親，總是讓我覺得自己什麼都能幹，是我母親訓練了我，要我學習獨立。每次當我的行為稍有越軌，她就一鞭子把我抽回來，但通常都是正面而且有建設性的，還能促使我振作起來。她向來不說什麼多餘的話，總是那麼堅決，那麼積極，那麼豪邁。我總是對她心服口服。」

母親教給傑克三門非常重要的功課：坦率的溝通，面對現實，並且主宰自己的命運，這是母親始終保持的理念。日後證明，在傑克的管理生涯中，這種稟賦被發揮得淋漓盡致。

要掌握自己的命運就必須樹立自信。儘管傑克到了成年還略帶口吃，可母親說這算不了什麼缺陷，只不過是想的比說的快些罷了。結果，略帶口吃的毛病並沒有阻礙傑克的發展，而實際上注意到這個弱點的人大都對他產生了某種敬意。美國全國廣播公司新聞部總裁邁克爾對他十分敬佩，甚至開玩笑地說：「他真有力量，真有效率，我恨不得自己也口吃。」

在韋爾奇看來，我們所經歷的一切都會成為我們信心建立的基石。當你被選為一支球隊的隊長時，當你在球場中選隊員時，你就掌握了這支隊伍。然後事情就這麼發生了——漸漸地，你會習慣這些經驗，而且人們也會信任你，給予你善意的回應。

韋爾奇的中學成績可以保證他進入美國最好的大學，但因種種原因而事與願違，他只進了麻州大學。開始他感到非常沮喪，但進入大學之後，沮喪就變成了慶幸。

「如果當時我選擇了麻省理工學院，那我就會被昔日的夥伴們打壓，永遠沒有出頭的一天，然而這所較小的州立大學，讓我獲得了許多自信。我非常相信一個人所經歷的一切，都會成為建立自信的基石：包括母親的支持，運動，上學，取得學位。」事實證明傑克是麻州大學最頂尖的學生，看來沒有到麻省理工學院就讀也未必是壞事。

擔任傑克大學班主任的威廉當時也看出了傑克成功的初期徵兆：「是他的雙眼，他總是很自信，他痛恨失敗，即使在足球比賽中也一樣。」

「自信」在日後成為了通用電氣的核心價值觀之一。傑克說：「所有的管理都是圍繞『自信』展開的。」韋爾奇一九八一年成為歷史上最年輕的CEO。十七年來，公司的市場價值從原來的一百二十億美元，升到了如今的超過四千億美元，而且一直被公認為是管理最優秀和最受推崇的公司之一。

對事業懷有信心，相信自己，乃是獲得成功不可或缺的前提。當然其他因素也非常重要，但最基本的條件，是激勵自己達到所希望的目標的積極態度。

第3章

學些街頭經濟學，別讓商家掏空你的口袋

為什麼在星巴克要買大杯咖啡才划算？有時候明明買貴了，你為什麼還會感到高興？集點卡真的能換得優惠嗎？團購真的可以省錢嗎……

這些都是日常生活中我們司空見慣的事情，你知道其中隱藏著最基本的經濟學原理嗎？經濟學並不單單是學校課堂裏講的那些理論，而是實實在在發生在你我身邊的事情。

1 明明買貴了，你為什麼還感到高興？

若水是個喜歡收藏掛物飾品的女孩。有一次，她出差去北京，工作閒餘出去逛街，看到一對可愛的瓷娃娃，雪白的底色沒有一點瑕疵，既可以擺放在床頭還可以掛起來欣賞。

「哇，真漂亮！」若水情不自禁地大喊。她飛快地跑到櫃檯前，可是忽然間又猶豫了：「這麼漂亮的瓷娃娃，一定貴得要死，大概要一千塊吧，我可憐的錢包又會挨餓了。」

她轉身走開，但走到門口又覺得遺憾，她想，「好不容易來一次北京，不買就沒機會了。」於是轉身走回去問售貨員：「那對瓷娃娃多少錢？」

「五百元。」售貨員很有禮貌地回答。

「這麼便宜？」若水想，她剛要開口說買下來時，售貨員又接著說：「看你這麼喜歡，我們又快到下班時間了，你要真想買的話，四百五十元你拿走算了。」

「啊！」若水開心得差點跳起來，趕緊付了錢，高高興興地走了。

但是，其實這對瓷娃娃的進價只有一百元，售貨員開出五百元的價位，看顧客不說話，還以為若水在猶豫呢，於是又主動降低了五十元。可是，對於若水來說，她卻覺得大賺了一筆，只因為比她預計的一千塊便宜了許多。這個意外收穫絕對會讓她高興上好幾天。

在經濟學上，若水的這種收穫叫做消費者剩餘。

消費者剩餘的概念，是紐約大學教授馬歇爾在《經濟學原理》一書中提出來的。它是指消費者心理預期支付與實際支付的價格之間的差額。消費者願意付出的最高價格並不一定等於供求雙方決定的市場價格。

消費者剩餘可以用下列方法來計算：

消費者剩餘＝買者的預期價格－買者的實際支付。

如前文中若水願意為那個瓷娃娃支付一千元，但最後卻以四百五十元的價格買下來，無論實際成本是多少，若水的消費者剩餘就是1000－450＝550（元）。

值得注意的是，消費者剩餘只是消費者的一種心理感覺，是人們從購買中得到的一種滿足剩餘，而並非實際收入的增加。比如在拍賣會上，有一枚勳章，小李的心理預期價格是兩百元，最後競拍時卻以一百八十元的價格拿到手，小李就覺得自己賺了二十元。

實際上這二十元並非小李的真正收入，而是一種滿足感。

「消費者剩餘」作為一種額外效用，可以給人們帶來福利感和滿足感。正是這種滿足感和福利感，對消費者來說，就如同亞當‧斯密所說的「看不見的手」一樣，左右著消費者的購買行爲，從而影響著市場上的需求。

事實上，不論人們是否意識到，在現實的買賣行爲中都存在著這樣兩種價格：一是由收入和偏好決定的消費者價格；二是由市場供求關係決定的市場價格。前者遵循著邊際效用遞減規律，而後者則遵循著供求規律；前者之和體現了消費者獲得的效用之和的總量（對同一物品的購買），後者則體現了消費者爲獲得一定的效用總量所實際支付的貨幣總量。消費者價格與市場價格之差，就是體現消費者滿足感和福利感的「消費者剩餘」。

因此，當消費者以低於消費者價格購買到自己所需要的商品時，心裏就會生出一種划算的感覺，甚至有一種占了便宜的竊喜。當這種便宜感很大、很強烈時，消費者的購買行爲完全可能再繼續下去，直至購買到該商品這種「便宜感」減弱、消失爲止。這也是爲什麼人們會對價格變得便宜的商品自然多買的原因所在。當我們明白了消費者價格和市場價格之間的關係後，我們就可以解釋虛假廣告和不法商家雇傭「托」來害人的「原理」。

我們在理解「消費者剩餘」時應注意：在購買商品過程中，每個購買者都希望以低於自己支付意願的價格買到商品，而拒絕以高於意願支付的價格購買該商品。因此商家常常會利用消費者的這種心理，將商品標價提高，留出消費者剩餘的空間，以此來獲得豐厚的盈利。

2 羊群效應——有選擇地相信外界的資訊

法國科學家亨利・法布爾曾做過一個實驗：他把很多松毛蟲放在一只花盆的邊緣，使其首尾相接連成一圈，然後又在花盆的不遠處撒了一些松葉。一連七天七夜，沒有任何一隻松毛蟲吃到松葉。牠們只是一隻跟一隻地繞著花盆一圈又一圈地走，直到饑餓勞累而死。

松毛蟲如此，作爲萬物靈長的人類有時也同樣難以擺脫這種心理。

二十世紀末，網路經濟一路飆升，ＩＴ業的ＣＥＯ們義無反顧地往前衝，結果形成了一股網路潮。二〇〇一年，泡沫破滅，大家這才發現在狂熱的市場氛圍下，獲利的只是領頭羊，其餘跟風的都成了犧牲者。這就是「羊群效應」，羊群裏必然有兩種羊：一種從眾的，一種出眾的。前者總是看著別人幹什麼他就幹什麼，後者卻能發揮主觀能動性，雖然也有可能只是偶然脫離了羊群，但是，他們因爲善於發揮主觀能動性，所以總能最先找到水草豐美的地方吃個飽，而其他的羊群跟上的時候就只有吃草根，或者連草根都沒得吃了。

例如在商場上，由於對資訊掌握不充分或缺乏瞭解，投資者很難對市場未來的不確定性做出合理的預期，往往是通過觀察周圍人群的行爲而提取資訊，在這種資訊的不斷傳遞中，許多人的資訊將大致相同且彼此強化，從而產生從眾行爲。投資者就可以利用這種「羊群效應」總結出自己的市場預期。所以你會發現，市場上新產生的商品不見得是大家所離不開的，只是因爲有人在造勢，培養出了一部分消費者，跟從的人越來越多，商品才有了市場。這也是爲什麼商品需要做廣告的原因。

社會心理學家研究發現，影響從眾心理的最重要因素是持某種意見的人數多少，而不是這個意見本身。正如魯迅所說的那樣，「世上本沒有路，走的人多了也就成了路」。有的事情不見得是對的，但是多數人認爲是對的也就成了對的。所以，生活中才會有很多人盲目屈服於常態，而失去獨立的機會。有些很有能力的人因爲害怕成爲出頭的椽子，一生都埋沒於世俗當中。

羊群效應告訴我們：對外界的資訊要有選擇地去相信，凡事要有自己的判斷和立場，決不能盲目跟從、盲目輕信。中國人的從眾心理很嚴重，最普遍的現象就是，當你走在大街上的時候，經常會發現很多人穿著同一款式的衣服，有的人穿著也許很合適，十分符合自身的氣質特徵，而有些人只是在東施效顰，跟從的結果並沒有自己想像中的那麼完美，相反，可能只會自爆其短。

跟從並不見得就是完全錯誤的，人類因爲有某些固定的特徵才會區別於其他群體，但是，跟從需要智慧，生存需要個性。只有具有個性的事物才會成爲引領一個時代的特徵。

如果你沒有引領一個時代的勇氣，即使是要跟從也應睜大眼睛，看清楚之後再做決定。

3 示範效應——你買，我也跟著買的「盲目消費」

相信大家在日常生活中可能常常會見到這種現象：當你的鄰居或者同事購買了某種商品，引得其他人非常羨慕的時候，你也會跟著購買這種商品，而這種商品對你來說也許並不實用。其實，人們的消費行爲不但會受收入水準的影響，同時也會受其他人，主要是那些收入與之相近的人的消費行爲的影響。這就是示範效應在起作用。

「示範效應」這個名詞最早是心理學家對人類行爲進行研究所總結出來的，如今它已經被經濟學家們廣泛地用於研究人的經濟行爲，特別是人類的消費行爲。

然而，示範效應往往是雙向的，這就是所謂「壞」榜樣和「好」榜樣所起的影響。從動態上看，示範效應最終會使少數成爲主流。那麼人們爲什麼最終會形成這種主流趨勢呢？

從諾貝爾經濟學獎獲得者加利・伯克爾的著作《重口味的經濟學分析》的理論中，可以得到解釋。

說起來很有趣，伯氏理論的獲得竟和他經常陪太太去餐館密切相關。當時，在加利福尼亞有兩家海鮮餐館。伯克爾發現他太太有一個非常奇怪的行爲，就是在兩家餐館中，她總是選擇座位被占滿的那家。而在伯克爾看來，兩家餐館的品質完全一樣，差別僅僅在於，其中一家餐館人多，而另一家客人少得可憐。

爲什麼會出現這種情況呢？經過細心的觀察研究，伯克爾得出了後來獲諾貝爾獎的基礎理論之一：理性的人們支持他們自己的生活方式，也就是說，是否理性取決於生活的方式。也就是說，消費者對某些商品的需求，取決於其他消費者對這些商品的需求，簡稱「消費的示範效應」。

在商品供應日益豐富的市場條件下，消費的示範效應也表現得越來越明顯，這對市場供求關係也帶來了較大的影響。實際上，示範效應隨時都左右著人們的經濟生活以及消費習慣。當消費者看到有些人因收入水準或消費習慣的變化而購買高檔消費品時，儘管自己的收入沒有變化，也有可能因仿效他人而擴大自己的消費開支，或者在收入下降時也不願減少自己的消費支出。甚至會做出「打腫臉充胖子」的不理智行爲。

一般人都有攀比的心理，看到別人怎麼做，自己就有做同樣事情或者比別人做得更好的衝動。這種心理往往會被商家利用，成爲商家賺錢的工具。當然這需要商家有敏銳的眼光和洞察力，在某種商品將要流行前就做好分析預測，先下手爲強。否則的話，只能看著錢流向別人的口袋了。

總之，對於個人來說，瞭解了示範效應，你就會更清楚地認識到理性消費的必要。不盲目跟風，購買商品之前最好先想一下自己是否真正需要，這東西對自己是否具有價值，以免造成不必要的浪費。

4 認識會員卡背後的「價格歧視」

會員卡可能在很多人的錢包裏都有，它可以讓消費者享受到不同的優惠：在商場購買流行服飾時，消費者可以享受到八折優惠；進入飯店就餐時只需付七折的價格……對於這種同樣的產品、同樣的服務，針對不同的顧客，價格卻有一定差別的現象，經濟學上稱之爲「價格歧視」。

「價格歧視」實際是一種價格差異。不同的消費者對不同的產品需求不同，對產品價格的敏感程度不同，導致在不同產品上供求規律表現得有所差別。很多生產商或經銷商就會鎖定具體的消費者，探索一個適當的價格水準，使得價格和數量都十分符合一類消費群體的要求，最終追求達到利潤的最大化。

對價格歧視可以從它更深一層的含義加以理解，即賣方壟斷廠商，向不同的市場或不同的消費者以不同的價格提供產品，存在兩種情況：

（1）市場歧視。指壟斷廠商向兩個或兩個以上的分割市場以不同的價格提供產品，條件是這兩個市場之間不能有倒賣行爲，否則不同市場的價格會趨於一致。

（2）完全歧視。指壟斷廠商把市場細分到這樣一種程度，它能以消費者願意支付的最大價格出售其商品，抽取消費者的全部剩餘。

在超市裏，消費者只要出示他們的會員卡或點券，就能買到比別人更加便宜的商品；提前半年預訂的機票價格與人們即買即走的機票價格相比，可以相差好幾倍；日本汽車遠銷到美國，竟然比在日本本土的售價還要低廉；餐廳裏同樣的一客飯菜，如果客人是最近一個星期曾經光顧過的，就可以打個八折……可以看到，同樣的商品、同樣的服務，但是針對不同的消費者，價格卻大不相同。根據顧客購買商品的多少來實施的「價格歧視」，同樣可以促進銷量，增加交易。

你可以把這類「價格歧視」說成是「不公平」、「不正當競爭」、「欺騙顧客」、「傾銷」，也可以說這是「讓利」、「優惠」、「補貼」，但那些都是缺乏經濟學基礎的蠱惑人心的形容詞而已。

在銀行、航空業等行業的服務中，「價格歧視」的現象則存在的更多。公司可以根據乘客對服務的不同需求，制訂完全不同的價格，從而在不同類別的乘客身上分別實現收益的最大化，但這種「甄別」或「歧視」的現象，可以是顧客自己選擇的，比如顧客開口就要頭等艙，顯然他願意爲了雙腳伸得稍微長一些，或爲了在那十幾個小時裏獨佔一個電視螢幕，或者爲了在旅途中喝點好酒而多付很多額外的錢。另外，對於那些不僅臨時更改機票，而且不願意等待後續航班，說走就要走的「要人」們，航空公司則會額外增收一筆可觀的「罰款」。

同時，還有一些顧客遭遇「價格歧視」是由於不經意透露出來的意願。比如顧客是否願意花較多的時間在報紙和旅行社之間搜尋，是否願意提前兩週甚至半年預訂機票，是否願意耐心填寫「里程獎勵計畫」的表格，並隨時留意各種優惠活動等等。航空公司根據這些線索，把「閒人」（也就是時間成本較低的乘客）甄別出來，用低得多的價格吸引他們，從而創造本來不會發生的營業額，增加公司的總收益。

正確認識「價格歧視」，你會發現，它在服務企業的同時，也能讓消費者受益。

很多消費者在商場可能會發現這種現象：一些廠家對一種商品按不同數量進行分組，制訂不同的價格來實施「價格歧視」，在銷售領域爲企業贏得規模經濟。比如一瓶優酪乳的價格爲七十元，但是三瓶的價格爲兩百元。所以，消費者根據需求實際，避免單項選購，絕對是一種省錢的辦法。一些休閒娛樂場所針對早晚時段推出不同的消費價位，消費者同樣可以減少高價格消費，做到少花錢卻能享受到同質服務。

總之，消費者要看清「價格歧視」背後的實質，輕鬆運用這一經濟學原理來服務自己的生活。

5 和商家鬥智鬥勇：合理看待捆綁消費

很多通訊行用低價手機作爲誘餌，來實行「捆綁消費」。有時，一支全新的手機完全不要錢，不少消費者認爲可以賺到便宜，但當他們決定要時，才發現自己被騙了。原來零元手機需要搭配每個月高額的通話費。而通訊行事先卻沒有告知消費者，使消費者莫名被綁了兩年高價合約。

該通訊行的經營手法可說是違反了誠實守信原則，侵犯了消費者的公平交易權和自由選擇權。然而，作爲消費者，本身也應該有所反思，天上沒有掉下來的餡餅，對於那些明顯低於成本價的商品，一定要三思，要具有維權意識。

作爲消費者，當我們面對「捆綁消費」時，這種商家的戲法有時對我們有利，有時則屬於欺騙行爲。面對前者，我們可以擇其利與商家共贏；但面對後者，我們則要維護作爲消費者的權益，讓這種玩弄「戲法」的商家沒便宜可賺。

6 珠寶和木碗的價值悖論——自相矛盾的商家

有個窮人一貧如洗，除了一只要飯的舊木碗之外，什麼財產都沒有。

有一天，一艘漁船的船家要找個人幫工，窮人想：雖然給的工錢不多，但去幫工總比要飯強。於是他來到這條船上給人幫工。不幸的是，漁船在航行中遇到了特大風浪，被大海吞沒，船上的人大部分都遇難了。窮人拼命抓住一塊木板，才免於一死。

窮人抱著木板隨波逐流，被海水沖到一個不知名的小島上。出門辦事的島民看到昏迷不醒的窮人，就把他帶到首領那裏。經過搶救，窮人終於醒了過來。休養了一段時間，窮人想告辭回家，為了報答首領的救命之恩，他把他唯一的財產，那只木碗拿了出來送給首領。

哪知首領看見窮人的木碗，感到非常新奇，認為這是一件無價之寶，便送給窮人一袋最好的珠寶作為答謝，並命人用船把窮人送回家。

回到家鄉，窮人已經變得富有了，他置辦土地，購買新的房屋傢俱。這下子窮人發財的故事立即在當地傳遍了。

一個富翁聽到了窮人的奇遇，心中暗想：一只木碗都能換回這麼多寶貝，如果我送去很多可口的食品，該換回多少寶貝！於是富翁裝了滿滿一船奇珍異果和美酒佳餚，他歷盡艱辛在大海上走了幾天幾夜，終於找到了窮人去過的小島。

島上的首領看到富人送了一船的禮物，非常高興。品嘗之後讚不絕口，聲稱一定要把島上最珍貴的東西送給富人。富人心裏樂翻天，他想：「窮人送一個木碗就能得到那麼多珠寶，我送了一船的東西，肯定能得到無數的珠寶。」

富人正在暗自得意，一抬頭看見首領雙手捧著的珍貴禮物竟然是那只木碗，富人不由得呆在那裏，失望之情溢於言表，原來在這個島上，木碗就最珍貴的禮物啊！

對我們來說，木碗和珠寶到底哪個更昂貴，答案不言自明。你有一只木碗和有一袋黃金，生活境遇絕對不同。故事中島上的首領爲何覺得木碗是最珍貴的禮物呢？這當中就涉及到經濟學中的價值悖論。所謂悖論就是指自相矛盾的命題。它是相對於正論存在的。

我們由某種觀點得出的結論是正論，當有人根據此觀點得出相反的結論，就叫悖論。兩種理論可以同時存在。

價值悖論是指某些物品雖然實用價值大，但是廉價，而另一些物品雖然實用價值不大，但很昂貴的現象。故事中，窮人和富翁有著截然不同的收穫，究其原因是因爲島上的首領對於「最珍貴」這個概念的理解和別人不同。在他看來，最值錢的是島上那只稀有的木碗，而珠寶卻相對廉價。故事中珠寶和木碗的價值逆差就是一種價值悖論。

大家對《自相矛盾》這個寓言想必都很熟悉，該寓言出自《韓非子》，講的是古時候楚國的一個人，一手拿著矛，一手拿著盾在街上叫賣。這時有人問他：用你的矛戳你的盾，結果是怎樣呢？問得這個人啞口無言。

而兩百多年以前，亞當．斯密在《國富論》中就提出了價值悖論。他曾指出：沒有什麼能比水更有用，而它卻很少交換到任何東西。鑽石除了裝飾，幾乎沒有任何使用價值，但卻能交換到大量的商品。這就是水和鑽石的價值悖論。

價值悖論與市場供需和商品稀缺性有關。價值決定價格，而某種商品的價格主要取決於該商品的供需量關係。水的市場供應量很大，它的供給曲線和需求曲線相交在很低的價格水準上，這就造成了水的價格低廉。而鑽石是稀缺商品，又供不應求，價格自然也就很高。

價值悖論給人們的理財購物帶來幾點啓示：比如買東西不要盲目追求品牌。如我們想買套家居服穿著舒服，就不必非得進專賣店，只要買一般的就可以了。

再比如買電器，消費者要根據自己想要得到的使用價值來判斷。電子產品更新換代很快，也許這個月買回家，下個月市場上就有更新的研發產品代替了。新產品剛剛上市，價格一般很貴，消費者若是沒有專業用途，不要一味地追求最新配置，適合自己的才是最好的。

價值悖論告訴我們，廉價的商品未必就是次品，昂貴的商品也不一定真的有相應的使用價值。所以消費者在購物時一定要把握一個原則：不追貴的，只買對的。這樣才能最大化地發揮我們手中的財富效用。

7 為什麼買的永遠沒有賣的精？

「買的沒有賣的精」，都是因爲賣的人心中有底，而買的人心中無數。雙方爲了各自的利益，賣的人與買的人永遠是一對矛盾體。

眾所周知，如今在利益的驅使下，消費者一不小心，就會陷入商家精心設計好的陷阱。市場上常見的陷阱一般有如下幾種：

(1)**「打折」陷阱。**

時下，大到大型商場，小到私人個體攤販，商品價格打折成「風」。有些商場部分商品確實是打折了，讓出幾分利益給消費者。但有的商家則是以打折爲名，行原價甚至高價出售之實。你說消費者冤不冤？

(2)**「跳樓」陷阱。**

這類陷阱多半是個體商販設的，他們喜歡對某件物品標出「跳樓」價，乍看像是把價格壓得不能再低了，其實溢價不少。只要消費者買了，商販「上樓」偷著樂還來不及，哪有「跳樓」的事?!

（3）**「獎券」陷阱**。

現在有的商家，爲了鼓勵消費者購買更多的商品，推出在這個商場或專櫃買到一定數額的物品，給消費者小得「可憐」比例的禮券。其實，消費者要想占商家這點「便宜」，還得要買商品。購買商品小於禮券的數額，商家不補禮券錢；大於禮券數額的，消費者還得再多花錢，結果還是商家上算。

（4）**「清倉」陷阱**。

只要我們稍微留意就可發現這樣一種情況：某鬧市在年初就貼出「清倉」大拍賣的廣告。令人納悶的是，到了年底，這家門市還在「大拍賣」，「倉」總也「清」不完。

（5）**「搭車」陷阱**。

不少商家有言在先，買上千或上萬元的物品，指定「免費」送一件或幾件小東西。殊不知，這些小物品都是品質不過關的瑕疵品，一旦壞了，商家不保修。商家說了，這是我們送的產品，不管維修，消費者還能說什麼呢？天下哪有免費的午餐？

（6）**「過季」陷阱**。

大自然四季交替，有些商家也趁季節交替之機，玩起了並不「過季」的花招。秋天賣夏季的服裝，夏天賣冬季的服裝。看起來消費者可能占點小「便宜」，其實商家早已把積壓的成本金「過繼」給消費者了。

（7）**「獎品」陷阱。**

某商場因逢週年慶，推出買圍巾送手套的活動。細心的人不難發現，這條圍巾比平時貴了將近兩百元，原來手套的錢出在「圍巾」身上。

（8）**「裝修」陷阱。**

有的商場改裝，半年前就打出廣告，「商場改裝在即，所有物品三折起」，吸引了廣大消費者，銷售額成倍地增長，有時甚至超過平時的三到四倍。商家的「花招」在於，商場裝修在即的廣告打出去以後並不急於裝修，而是過了三四個月才重新裝修，裝修的時間也就一兩個月。其實裝修時間的銷售額早就出來了，只是消費者還蒙在鼓裏罷了。

8 注意品牌效應——東西不是越貴就越好

什麼是品牌？爲什麼我們願意花費高於無品牌服裝的價格去買品牌服飾？人們大多認爲品牌服飾代表了一種精神，品牌的目標群體一定會認同這個精神，當我們看到一個人穿著一件某品牌的衣服之後，我們會下意識地把這個人劃入這個品牌對應的群體中。

品牌用明星做代言的目的，也就是讓人們認爲：如果穿上這個品牌的衣服之後會和明星屬於同一個群體，這應該是影響力中的「社會認同」在起作用。人靠衣裝，就是你穿上什麼品牌的衣服，你就可能自然而然地成爲你所認同的那個群體中的一員，這樣個人的心理需求也就得到了滿足。

名牌效應可以帶動商機，顯示出消費者自身身價的同時，也無形中提高了商家的地位，好讓更多的高層次消費者光臨店面。這只是針對小商家而言的，而對於大廠家，意義又有所不同。名牌也會伴隨著大量劣質的冒牌，因爲他們永遠相信一句古話：真作假時假亦真，假作真時真亦假。各種冒牌搶佔市場，而真正的名牌爲了保住自己的消費市場，只好做出降價的選擇，但這又正中冒牌商們的下懷，他們可以名正言順地低價出售他們的所謂名牌，從中謀取暴利。

企業的競爭最直接的表現就是產品的競爭。在商品競爭中，商標形象一經確立，其價值也就隨之而上升。具有吸引力的、被公認爲高品質的產品會佔據極爲有利的地位。這種地位很難獲得，但是如果認真考慮一下它的價值，你會覺得很值得爲獲得這種地位而努力。

任何商品都是如此。我們總是先入爲主，購買我們知道的名牌商品，認爲這些商品比那些不知名的產品品質要好，而且我們固執己見，不願嘗試不知名的產品，唯恐上當。

如今隨著商品經濟的不斷發展，商品日趨豐富多樣，這使得消費者越來越難以憑簡單的經驗和常識，對商品的品質和使用價值等做出判斷。此時，產品信譽和企業形象就起了決定性作用，而這些又集中體現在產品的商標上。因而，名牌商標就起著一種導向作用，引導消費者的選擇，從而使產品在市場上獲得超凡的銷售效果。

對多數人來說，當他們在商場購物時，腦海裏的第一直覺就是看這個物品的品牌，若品牌在市場上打得響，雖然貴些也願意購買，沒有過多地考慮品質，認爲品質與品牌是成正比的。品牌好、價格貴的產品，品質肯定也不差，但價格便宜的產品品質就不敢保證。

其實這是一種很普遍且現實的心態，「一分錢一分貨」就是這個道理。但我們也不能否認有些商家正是利用消費者的這種心態，自製「品牌」。雖然給商家的經營帶來了可觀的效應，但站在消費者的立場，卻沒有達到東西越貴越好的結果。

針對這種情況，兩種消費者要特別注意：

(1)喜歡在專賣店購物的消費者。這裏主要指的是那些喜歡追求品牌的中層社會人士，他們大可不必凡事都追求品牌，可適當選擇非高檔品牌但適合自己的商品，因爲有些非品牌商品的含金量也是很高的，要善於去發現。

(2)偶爾在專賣店購物的消費者。這類消費者較注重實惠，能夠將「一分錢一分貨」進行辯證看待。他們善於從非品牌的商品淘寶，買到物美價廉、稱心如意的商品。其實這類人群大多數出席正式場合的機會不多，如大學生，他們完全沒必要盲目追求品牌。年輕人講的是「潮」、「時尚」，依據自身條件，有幾件品牌衣服是可以的，但不必爭面子、裝有錢人。有品牌的、貴的東西不一定好，反之亦然。

9 天下沒有免費的「續杯」

每個人都是經濟人，都試圖追求自身利益的最大化。但是，人的理性是有限的，在能輕易獲得的利益面前，人們往往容易失去理性，因此應該時刻清醒地提醒自己——天下沒有免費的午餐。

「民以食爲天」，沒有人可以不吃飯過日子，更不可能有哪家餐廳能壟斷整個餐飲業。爲了在激烈的競爭中取勝，餐廳老闆們只能絞盡腦汁想出各種對策以確保自己在存活下來的同時還能夠獲得更多的利潤。餐廳提供免費續杯，就是在市場競爭日益激烈的情況下，餐廳決策者所做出的一種策略。那麼，在這個策略中，誰才是最大的贏家呢？

餐廳提供免費續杯還涉及商品的價值、商品的需求彈性以及商品在消費者中的邊際成本問題。如：一杯「雪碧」的價值由原料、服務、品牌等組成。如果其中原料的價格比重小於服務和品牌，那麼餐廳續杯的可能性就很大；如果顧客對雪碧的需求彈性小，售出的價格變化也不是很大，那麼續杯的可能性就更大。顧客對雪碧的邊際成本也可以這樣理解，爲顧客設置一個滿足的標準。若設置滿足的標準爲一杯，也就是說，顧客喝一杯基本上就滿足了；若設置標準爲兩杯，那麼餐廳續杯的可能性就會很大。

隨著人們生活水準的不斷提高，就餐顧客的人數也在逐漸增長，餐廳爲顧客提供服務的平均成本就會下降，而且餐廳爲顧客所做的每一頓膳食所收取的費用，都會遠遠高於這頓飯的邊際成本。在經濟學中，邊際成本是在銷售量的水準上所增加的，就像一個單位的銷售量所需要增加的員工工資、原料和燃料等可變成本。所以，只要能吸收到額外的顧客，餐廳的利潤就會有所增加。提供免費續杯吸引到的顧客不在少數，因此，無論從哪個角度來說，餐廳都是最後的贏家。

其實，像飲料這一類的商品，不僅需求彈性大，而且邊際效用也很高，所以很多餐廳都會爲顧客提供免費續杯的服務，在贏得顧客的同時賺取更多的利潤。作爲商家，追求的永遠都是利潤最大化，提供「免費的午餐」一定是爲了從其他方面獲取更大的利潤。

10 ＡＡ制——別讓不好意思害了你

ＡＡ制的來源：「ＡＡ」是英文「Acting Appointment」的縮寫。十六世紀至十七世紀時的荷蘭和威尼斯是海上商品貿易和早期資本主義的發跡之地。終日奔波的義大利、荷蘭商人們已經衍生出聚時交流資訊、散時各付資費的習俗來。因爲商人的流動性很強，一個人請別人的客，被請的人說不定這輩子再也遇不到了，爲了大家不吃虧，彼此分攤便是最好的選擇。而荷蘭人因其精明、凡事都要分清楚，逐漸形成了「Let's go dutch（讓我們做荷蘭人）」的俗語。而幽默的美國人將這句話引申成爲「AA制」。

小李經常遇到這樣的事：幾個好朋友在外面吃飯，彼此讓著點菜。如果是平時小李一個人吃，不一定會選擇那些很貴的菜，但是在朋友面前，往往會為了「面子」，點的都是那些價格昂貴的菜。每次吃完飯結帳時，都會讓他暗自心驚。

那麼，AA制是不是可以解決這個問題呢？假設小李和兩個好朋友一起去吃西餐，講好花費三個人平均分擔，那麼，當小李點自己的餐飲時，他不太會慷他人之慨地搞「多多益善」。因為，雖然他點的東西有三分之二的花費是由另外兩位朋友負擔，可是他也要負擔整個餐費的三分之一。如果小李多點的話，朋友就要多負擔，即使別人不說出來，小李心裏也會有些不安。反之亦然。因此，將心比心的結果是每個人點的大概會和自己一個人單獨進餐時所點的差不多。三個人也許會有一點兒浪費，但絕不會多。

可是，如果小李現在是參加聚餐，總共有三十個人，花費也是大家平均分擔，情況很可能就大不相同了：小李少點一些，別人只少付三十分之一；小李多點一些，別人也不過多負擔三十分之一。因此小李又何必當傻瓜，浪費一點又有何妨。

人同此心、心同此理的結果是每個人最後所點的會遠超過三個人吃飯或自己一個人進餐時所點的；而每個人最後所分擔的，也就遠遠高過自己單獨進餐時的花費。

透過ＡＡ制這種現象，小李明顯感覺到：在小團體裏人數少時，彼此觀察約束比較容易，所以每個人都比較容易有理有節。

當團體變大時，個人的重要性下降，責任感也因而減少，最後呈現出來的往往就是一盤散沙的局面。而且，這種大組織導致的效率低下，在現代生活裏幾乎隨處可見：尖峰時段的塞車，誰都不願意停在路邊休息，讓別人先走；社區魚池裏一潭死水、反正自己家裏的水族箱生氣蓬勃……這些現象雖然令人難過，但卻不至令人困惑——這是人多時很自然的現象。對於這些現象，光作「人心不古、世風日下」的感嘆，或者作「復興文化、發揚傳統」之類的呼籲沒有用。

我們真正應該做的是利用經濟學知識，瞭解事情背後的原因以及各種條件的相關結構，然後再考慮如何利用現有的資源進行調整和改變。例如，現在小李再遇到多人聚餐的場合，就會建議約定每個人花費的上限，這樣一頓飯下來，就不會出現太大的浪費了。總之，辦法總是有的，就看你是不是願意用心去思考。

11 成就財富與成功的品質：信用

摩根家族創造了美國的商業帝國傳奇，而各大商業院校的課堂上「伊特納火災保險賠付」也已成爲經典案例。

一八三五年，摩根先生接手一家名叫「伊特納火災」的小保險公司，成為這家公司的大股東。人有旦夕禍福，天有不測風雲。在伊特納火災保險公司投保的客戶發生了火災，按照規定，保險公司必須完全付清賠償金，但如果這樣，保險公司就會破產。

其他股東們一個個驚慌失措，紛紛提出退股。經過再三斟酌，摩根先生認為自己的信譽比金錢更重要。於是他變賣了自己的全部家當，並四處借錢，以低價收購了要求退股的所有股份，並將理賠金全額賠付給了投保的客戶。一時間，伊特納火災保險公司由一個毫無名氣的小公司變得聲名鵲起，幾乎盡人皆知。

摩根先生雖然成為保險公司的所有者，但卻身無分文，公司面臨破產。情急之下他告訴客戶，凡是再到該火災保險公司投保的，保險金成倍加收。出乎意料的是，該公司的客戶不但沒有減少，反而成百倍地增加。

很多人覺得，比起那些知名的大保險公司，伊特納公司是最講信譽的，這一點使它倍受客戶歡迎。伊特納火災保險公司一躍成為美國的頂級公司。摩根先生也就是後來主宰美國華爾街的ＪＰ摩根的祖父，摩根家族更是成為了美國億萬富翁家族。

誠信是無形的力量，更是無形的財富。除了「誠信興商」的信用角度，經濟學角度的信用還包括以償還爲條件的價值運動的特殊形式。它們大多產生於貨幣借貸和商品交易中的賒銷或預付之中。比如國家信用、銀行信用、消費信用等等。這些信用在國民經濟生活中無處不在，而且不可忽視地發揮著無可替代的作用。

民無信而不立，信用其實是一種心理現象，是一種個人或團體能力，也是一種經濟活動。只有講信用的商家才會長久地贏得客戶贏得市場，才會在經濟大潮的風雲變幻中立於長盛不衰之地。

第4章

辛苦一輩子攢幾個錢，看看有什麼辦法讓錢生錢

許多人辛苦一輩子才攢下那麼幾個小錢，沒理由不動動腦筋仔細思考怎樣利用它。該存銀行還是去炒股？買商鋪還是買黃金？這都不是那麼簡單的一回事。

其實，有專門的一門學問，用經濟學的術語來講叫投資學。無需研究那些運用高等經濟學才能解開的投資學難題，我們可以用更簡單便捷的方式，看看該如何理財，瞭解在理財過程中該遵守哪些規則。

1 財務自由——你是在為金錢而工作嗎？

財務自由是當你沒有上班賺錢的時候，也不必爲錢而發愁，因爲你有其他的投資理財方式。當工作已不是你養家糊口的唯一方式時，你才達到了真正的財務自由。

財務自由並不一定要擁有很多的錢，而是要求你感覺到生活的自由，瞭解你自己和你所擁有的，知道即使明天因爲生病或是公司裁員你丟了工作，你也不會有大麻煩，仍舊可以舒適地生活一段時間，不必發愁立即找工作。等你年老退休時，也許你的生活不算豪華奢侈，但你依然可以生活得很舒適，不會欠帳。偶爾出去旅行，能自給自足。等你去世的時候，你留給家庭的財富會超過你原本擁有的。

財務自由是讓你的財富能合理地各自分工、各司其職，充分發揮他們的作用，從而構建起自己的財務自由王國。這其實跟管理公司差不多，一個公司內，各個部門的經理都應該能夠獨當一面，處理本部門事務，這樣作爲公司總經理才會比較輕鬆。

你能夠讓自己手中財富的作用盡可能地發揮出來，就是在逐步走向財務自由。

2 創造財富的同時，學會保護已有的錢財

可能你也曾聽到過這樣的說法：「猶太人是吝嗇鬼。」這個說法是有一定依據的，但也是一種誤解。因爲猶太人中有很多人是經商的，而且是經商高手。作爲商人，對物品斤斤計較和金錢分毫的核算是職業本能的反應。身爲商人，如不精打細算，不愛惜錢財，怎能獲得經營的盈利呢？

對金錢除了愛之外，還要節。也就是說，除了想發財外，還要想辦法保護已有的錢財。用現代的流行語言說，就是要「開源節流」。

美國當今最大財團之一洛克菲勒財團的創始人洛克菲勒剛開始步入商界之時，經營步履維艱，他朝思暮想發財卻苦於無方。

有一天晚上，他從報紙上看到一則出售發財秘訣書的廣告，高興至極，第二天急急忙忙到書店去買了一本。他迫不及待把買來的書打開一看，只見書內僅僅印了「勤儉」二字，使他大為失望和生氣。

洛克菲勒回家後，思想十分混亂，幾天幾夜不成眠。他反覆考慮該「秘訣」的「秘」在哪裏。起初，他認為書店和作者在欺騙，一本書只有這麼簡單的兩個字，他想指控他們在欺騙讀者。後來，他越想越覺得此書言之有理。確實，要致富發財，除了勤儉以外，別無他法。這時他才恍然大悟。然後，他將每天應用的錢加以節省儲蓄，同時加倍努力工作，千方百計增加一些收入。這樣堅持了五年，積存下了八百美元，然後將這筆錢用於經營石油，終於成為美國屈指可數的大富豪。

努力賺錢是開源的行動，設法省儉則是節流的反映。巨大的財富需要努力才能追求得到，同時也需要勤儉節約才能保持。

世界上大多數富豪都十分節儉。如美國連鎖店大富豪克里奇，他的商店遍及美國五十個州的眾多城市，他的資產數以億計，但他的午餐從來都是一美元左右。

美國克鎔石油公司老闆波爾・克德也是一位以節儉出名的富豪。有一天他去參觀狗展，在購票處看到一塊牌子寫著：「五點以後入場半價收費。」克德一看表，當時是四時四十二分，於是他在入口處等了整整二十分鐘後，才購半價票入場，節省了廿五美分。要知道，克德每年收支超過上億美元，他之所以節省零點二五美元，完全是受他節儉的習慣和精神所支配，這也是他成爲富豪的原因之一。

在日常生活中，我們經常見到這樣的現象：屋外豔陽高照，辦公室內卻燈光明亮；人離開了辦公室，空調卻依舊送著涼風；員工下班走了，電腦卻整夜開著；公司發的筆用到一半就當成垃圾丟棄；筆記本每頁只寫了幾個字就另翻一頁……

美國《財富》五百強的龍頭老大沃爾瑪，幾十年如一日地信守自己的經營法則，堅持開源節流，將利潤一點一點累計起來，才終於登上全球五百強之首的寶座。

美國《時代》雜誌發表著名社會學家約翰・傑西克對全美數百個億萬富翁發財致富的調查報告，表明他們有著共同的特點：一是工作勤奮拼命；二是堅信任何行業都能造就百萬富翁；三是具備豐富的理財知識；四是口袋裏現金不多；五是智商不一定很高但雄心勃勃；六是白手起家；七是生活儉省，不亂花錢，不買奢侈品炫耀，甚至刻意隱瞞財產；八是追求財富永不停步。其中的第七點就是節儉。而且其他幾個共同點，也與我國傳統的積累之德極爲相似。可見世界是相通的，人類的求財之道也是大同小異的。

3 要發現你生活與投資的優勢所在

投資者一定要記住一點：不是所有的投資都能賺錢，也不存在完全沒有風險的投資方式。

從長期來看，股票和房產抵禦通貨膨脹的能力最強，但如果所有的投資者都基於這個原因，將大量資金投入這兩個領域，反而會造成價格虛高，也就是泡沫現象。

任何一種投資獲得收益，都是建立在選擇合適的時機和價位買進賣出的前提之上的。如果以一個較高的價位買進，本身升值空間就已很小，一旦出現價格回落，貶值也不是不可能的事。美國次貸危機就是一個很好的例子。投資房地產和股票最重要的是掌握時機，掌握不好，就可能適得其反。

一般來說，在土地供應量逐步減少的城市中，房產的增值是必然的趨勢。但是房產的流動性較差，在目前房地產市場逐漸走弱的環境下，變現比較困難。相對於房產而言，股票變現則更爲容易。因此，在選擇投資方向的時候不能只考慮到通貨膨脹的問題，還應當依據你的情況和投資目的進行選擇。如果你的投資屬於短期性質，那麼選擇投資股票更適合你的目標。如果你的資金比較充裕，更希望長期投資，那麼投資房地產則是一種較佳選擇。不動產會使你的資產結構更爲穩健，而且其長期的增值效應也頗爲可觀。

巴菲特說：「四十五年前我看到機會卻沒有什麼錢，四十五年後我有錢卻找不到機會。」在他看來，投資時機至關重要，成功投資其實就是成功把握投資的時機。如果選錯了投資時機，投資就難免失敗；如果抓住了好時機，投資也就成功了一半。所以，他始終都認爲：要發現你生活與投資的優勢所在。當機會來臨時，即你對這種優勢有充分的把握時，你就應該全力以赴，孤注一擲。事實上，選擇好的投資時機並牢牢地把握時機，也確實是巴菲特最重要的投資技巧之一。

當然，在投資過程中，你還需要對資產進行合理的配置，將一些低風險的產品納入你的投資組合。在目前的情況下，普通投資者應當降低自己資產中儲蓄和國債的比例，根據自己的實際情況，在各種理財產品之間進行組合投資。請務必注意是「降低儲蓄和國債的比例」，而不是將你所有的資金都投入到其他風險較高的理財產品上。

一般來說，在高通貨膨脹時期，中央銀行會採取加息等措施抑制經濟過熱，所以在這種時候選擇理財產品時應當注意產品的流動性，不要只根據收益率進行投資選擇，適當購買一些短期理財產品或貨幣基金是一個較好的選擇。我們應盡可能將手頭的資金投資於股票基金。即使這時需要一定的現金收入，但投資者也可以通過持有支付股利的股票來解決；在極少情況下，可以將部分股票變現，換取收入。這樣，投資者將在長期投資中獲得利益。

最好將資金分成幾個部分，分別投資於三至四種類型的股票基金，如成長型股票基金、價值型股票基金、新興成長型股票基金等。於是，不管市場上最受投資者追捧的是哪一部分，你總有一部分資金沒有踏空。

通過歷史表現來尋找未來表現最好的基金，即使不是毫無用處，也是非常困難的。投資者應該注意那些表現穩定的基金並堅持持有。頻繁地將資金在不同基金中轉換，需要支付較高的手續費，將使投資者的資產淨值受到損失。

4 杯子哲理——理財中的固執、馬虎和懶惰只能使你越來越貧窮

有個寓言故事，說的是一天動物園管理員們發現袋鼠從籠子裏跑出來了，於是開會討論，一致認爲是籠子的高度過低。所以決定將籠子的高度由原來的十公尺加高到二十公尺。結果第二天，他們發現袋鼠還是跑到外面來，所以他們又決定再將高度加高到三十公尺。沒想到隔天居然又看到袋鼠全跑到外面，於是管理員們大爲緊張，決定一不做二不休，將籠子的高度加高到一百公尺。

一天長頸鹿和幾隻袋鼠們在閒聊，「你們看，這些人會不會再繼續加高你們的籠子？」長頸鹿問。「很難說。」袋鼠說，「如果他們再繼續忘記關門的話。」

風險其實包含著危險和機會兩重含義，危險降低收益，而機會則增加收益，而且往往高風險與高收益並存，低風險與低收益相依，這是投資的「鐵律」。也就是「小捨小得，大捨大得」。想要低風險高收益，幾乎是不可能的。

所以當我們進行投資時，必須考慮到自己能夠或願意承擔多少風險，這涉及個人的條件和個性。一個人面對風險表現出來的態度通常可以分爲四種狀態，分別爲：激進型、中庸型、保守型、極端保守型。

有一個故事，說固執人、馬大哈、懶惰者和機靈鬼四個人結伴出遊，結果在沙漠中迷了路，這時他們身上帶的水已經喝光，正當四人面臨死亡威脅的時候，上帝給了他們四個杯子，並為他們祈來了一場雨。但這四個杯子中有一個是沒有底的，有兩個盛了半杯髒水，只有一個杯子是拿來就能用的。

固執人得到的是那個拿來就能用的好杯子，但他當時已經絕望之極，固執地認為即使喝了水，他們也走不出沙漠，所以下雨的時候，他乾脆把杯子口朝下，拒絕接水。

馬大哈得到的是沒有底的壞杯子，由於他做事太馬虎，根本就沒有發現自己杯子的缺陷。結果，下雨的時候杯子成了漏斗，最終一滴水也沒有接到。

懶惰者拿到的是一個盛有髒水的杯子，但他懶得將髒水倒掉，下雨時繼續用它接水，雖然很快接滿了，可他把這杯被污染的水喝下後卻得了急症，不久便不治而亡。

機靈鬼得到的也是一個盛有髒水的杯子，他首先將髒水倒掉，重新接了一杯乾淨的雨水，最後只有他自己平安地走出了沙漠。

這個故事不但蘊涵著「性格和智慧決定生存」的哲理，同時也與當前人們的投資理財觀念和方式有著驚人的相似之處。

受傳統觀念的影響，許多人就和故事中的「固執人」一樣，認準了銀行儲蓄一條路，拒絕接受各種新的理財方式，致使自己的理財收益難以抵禦物價上漲，造成了財物的貶值。

有的人就和故事中的「馬大哈」一樣，只知道不停地賺錢，卻忽視了對財富的科學管理，最終因不當炒股、民間借貸等投資失誤，導致了財富的縮水甚至血本無歸，成了前面賺後面跑的「漏斗式」理財。

有的則和故事中的「懶惰者」一樣，雖然注重收入的管理，但對原有的不良理財方式卻懶得重新調整，或者存有僥倖心理，潛在風險沒有得到排除，結果因原有不當理財影響了整體的理財收益。

但是，也有許多投資者和故事中的「機靈鬼」一樣，他們注重把家庭中有風險、收益低的投資項目進行整理，也就是先把髒水倒掉，然後把杯子口朝上，積極接受新的理財方式，從而取得了較好的理財效果。

「杯子哲理」告訴我們，理財中的固執、馬虎和懶惰行爲只能使你越來越貧窮。積極借鑒「機靈鬼」式的理財方式，轉變理財觀念，調整和優化家庭的投資結構，讓新鮮的雨水不斷注入你的杯子。這樣，你才能離有錢人越來越近。

5 「九一」法則——哪怕你只收入一塊錢，也要把百分之十存起來

泰森是全世界最著名的拳王之一，二十歲時就獲得了世界重量級冠軍。在他二十多年的拳擊生涯中，一共賺了四億多美元。但是他的生活極盡奢侈、揮金如土。

泰森有過六座豪宅，其中一座豪宅有一百零八個房間、三十八個衛浴間，還有一個電影院和豪華的夜總會；他曾買過一百一十輛名貴的汽車，其中的三分之一都送給了朋友；他養白老虎當寵物，最多的時候養了五隻老虎，其中有兩隻價值七萬美元的孟加拉白老虎，後來因為法律不允許才作罷，付給馴獸師的錢就有十二萬美元；他曾經在拉斯維加斯最豪華的酒店包下了帶泳池的套房，一個晚上房價十二萬美金，在這樣的套房裏點一杯雞尾酒就要一千美元，而泰森每次放在服務生托盤中的小費都不會少於兩千美元。

由於揮霍無度，到了二〇〇四年十二月底，泰森的資產只剩下了一千七百四十萬美元，但是債務卻高達兩千八百萬美元。二〇〇五年八月，他向紐約的破產法庭

申請破產保護。

通過泰森的事蹟我們可以看出：一個人的收入並不等於財富，支出才是財富的決定因素。因此，要積累財富就一定要養成量入爲出的良好習慣，否則賺再多的錢都有可能被揮霍殆盡，最後落得兩手空空，甚至成爲負債一族。

有一個人非常富有，有很多人向他詢問致富的方法。這位富翁就問他們：「如果你有一個籃子，每天早上向籃子裏放十個雞蛋。當天吃掉九個雞蛋，最後會如何呢？」

有人回答說：「遲早有一天籃子會被裝得滿滿的，因為我們每天放在籃子裏的雞蛋比吃掉的要多一個。」

富翁笑著說道：「致富的首要原則就是在你的錢包裏放進十個硬幣，最多只能用掉九個。」

這個故事說明了理財中一個非常重要的法則，我們稱之爲「九一」法則。即便當你收入只有十塊錢的時候，你最多也只能花掉九塊錢，讓那一塊錢「遺忘」在錢包裏。無論何時何地永不破例。哪怕你只收入一塊錢，也要把百分之十存起來。這是理財的首要法則。

千萬別小看這一法則，它將給你帶來巨大收穫。「九一」法則的意義並不在於存下多少小錢，它可以令你形成一種把未來和金錢統一成整體看待的觀念；隨著自家水庫裏水量不斷增多，財務上的安全感不斷增加，內心變得祥和寧靜；它可以使你養成儲蓄的習慣，刺激你獲取財富的欲望，激發對美好未來的追求。

6 儲蓄就像「按揭」——教你儲蓄的技巧

要養成儲蓄的習慣，並不是一件難事，可是很多年輕人很難自覺做到這一點。許多人一旦向銀行貸款買車、買房，或者是刷卡消費，他們便會養成被動還款的習慣。比如說發了工資，每個月第一件事就是要還車款、房款，償還信用卡的帳款。如果這種被別人強制的行為，變成了一種自覺的儲蓄行為，持續下去就能積累一筆非常可觀的財富。

這裏，我們借用「按揭」這一提法，希望青年人自覺養成一種習慣，自覺地強制自己儲蓄，哪怕一開始是不自覺的，時間久了就會變成一種習慣。對很多年輕人、特別是「月光族」來說，這是邁出理財的第一步。你每個月發了薪水之後，把百分之十到十五的薪水強制存入銀行，日積月累，會發現自己積累了一筆可觀的財富。

儲蓄的技巧如下：

(1)**十二張存單儲蓄法。**

將每月節餘的款項都按照一年定期存入銀行，一年下來，就有十二張存期相同的存單，到期日分別相差一個月。一旦有急用，就可以支取到期或期限最近的存單，讓其他的存單繼續享受「定期存款利率」待遇。

(2)**階梯儲蓄法。**

如果手中有十萬元，可以分別用兩萬元開設一張一年期存單，用兩萬元開設一張兩年期存單，用兩萬元開設一張三年期存單，用兩萬元開設一張四年期存單（三年加一年），用兩萬元開設一張五年期存單。一年後，就可以用到期的兩萬元，再去開設一張五年期的存單，以後每年如此，五年後，你手中的存單全部爲五年期，只是每張存單到期年限相差一年。這種儲蓄方法是保持等量平衡，既保持了存款的流動性，又可以獲取五年期存款的高利息。這是一種中長期投資方法，適合家庭積累養老金、子女教育基金等。

(3)**四分儲蓄法。**

如果手中有一百萬元，並計畫在一年內使用，但每次用錢的具體金額和時間不能確定，可以採用四分儲蓄法。具體步驟爲：把一百萬元分成四張存單，但金額要一個比一個大，諸如把一百萬分別存成十萬元的一張，二十萬元的一張，三十萬元的一張，四十萬元的一張，存期均爲一年。這樣，如果有十萬元需要急用，只要動用十萬元的存單就可以了，其餘的錢依舊可以「躺」在銀行裏「吃」利息。還可以選擇另外一種「四分」的儲蓄法，把十萬元存活期，二十萬元存三個月定期，三十萬元存六個月定期，四十萬元存一年定期。

7 房奴、卡奴必須知道的一個數字：35%

對企業和個人來說，適當地有一點負債並不是一件壞事，它可以通過槓桿作用，幫我們實現更大的收益。但是要注意的是，負債多少，是有個度的限制的，並不是負債越高，好處越多。有專家研究得出結論：個人或家庭的負債率要小於百分之三十五（負債率＝每月還債數額÷每月實際收入×100%）才不會影響個人的生活品質。高出這個數值，你可能就得為了一個「債」字，過一段捉襟見肘的日子。

8 口袋裏留多少應急錢才合適？

初學理財的年輕朋友們，有沒有遇到這樣一種情況：因爲生活中出現了一點小意外，急需錢用，但是又由於自己理財心切，把所有的「閒錢」都用作了投資，結果不得不在股市虧損的時候「割肉贖回」，給自己造成不小的損失。

如果你在自己的生活中遇到過這種情況的話，那說明你的財務規劃不夠合理，財務結構也不安全、不健康。在安全、健康的財務結構中，會有一個適當的資金流動比率的概念。所謂資金流動比率就是：流動性現金÷每個月支出。流動資金，是指在急用情況下我們能夠迅速變現而不會帶來損失的資產，比如現金、活期存款等。

舉個例子來說，如果你手中有十萬元活期存款，你的日常支出是每月兩萬元，那麼你目前的資產流動比率就是五，也就是說一旦遇到意外情況，你手上的現金可以維繫你五個月的正常生活而不會帶來其他的損失。而如果你手上仍是這麼多的活期存款，每個月的支出改爲十萬元的話，那麼你的流動比率就是一，只能維持一個月的生活，這就是不太安全的。

那麼，流動比率是不是越高越好呢？絕對不是！很多薪水階級的人可能經常會有這種情況：他們把收入往銀行裏一存便不去管它。等到應急時，資產變現得倒是很快，但是這種流動比率過高的情況實際表明，你的很多閒置資金沒有為你實現收益最大化，是被浪費了。

一般來說，健康的財務結構中，流動資金的比率為三至八是最好的。

9 每個月花多少算合理？

在消費上做「月光族」當然不可取，但是因為理財讓自己成為守財奴，當苦行僧也是要不得的。我們提倡的理財，是一種賺錢和享受生活雙重兼顧的科學理財。所以，要保持消費和投資有一個適當的額度。

先來說說消費，一個人或一個家庭，每個月消費多少才是合理的？才不會讓自己入不敷出或者影響生活品質？答案是：百分之四十至六十，也就你每個月的各項消費支出占到總收入的四到六成，這是理財和享受生活的最佳平衡點。

再來說說投資比例的問題。專家給出的建議是，投資的理想指標應該是在百分之五十以上，淨投資比率＝投資總額÷淨資產。除了買房產做投資，我們還應該有國債、基金、股票等能夠直接產生收益的資產，投資比率越高，說明我們的投資越多元化，賺錢的管道越多。特別是隨著年齡的增長，這一比率應該逐漸增大，這樣，我們對工作收入的依賴程度會大大降低，也就是我們的財務自由度就會大大提高，不會因爲失業而使自己面臨困頓。

例如，如果一個人靠買基金和炒股的收益就可以支付個人的日常開支，那麼這個人的財務自由度就很大，除了基本的生活消費之外，不用爲了賺加班費而沒日沒夜地枯守辦公室，還可以有餘財安排更多健康、豐富的活動，如旅遊、學習等。

10 如果你的投資沒有賺到錢，你會怎麼想？

我們在某些事情上投入了金錢、時間或精力而又得不償失，對此，我們往往不從自己身上找原因，這是因爲我們不願放棄那些不正確的投資心態。很多人最終都遭受失敗，因爲他們光想著如何回本，而不是去把握同時出現的新的機會。在實際生活中，不管你在人際關係、事業或不動產中投入了多少金錢、時間或精力，總是會有不成功的時候，必須保持樂觀的投資心態。

投資的目的很簡單也很明確：就是賺錢，使自己的投資增值。如果你的投資沒有賺到錢，你會怎麼想？這是每個投資者都必須面對的問題。價格波動既有規律可循，又存在大量的不確定性。在任何時候你的判斷都有可能是錯的，當然也有可能是對的。其實所有的投資者都在做同一件事情：努力使自己判斷正確的機率大於百分之五十或者更高。永遠別希望自己能達到百分之百的正確，否則，你必將活在惶恐不安之中，因爲怕犯錯誤而不敢做出任何決定。

任何人都會有犯錯誤的時候。犯錯難以避免，我們只要能夠讓自己儘快從失誤的懊惱中走出來，並迅速地改正錯誤就是了。絕不能猶豫不決，不敢行動。當然，在行動之前你必須做好失敗的打算，千萬不要孤注一擲。不要因爲損失或者急需用錢而進行交易，別以爲市場會因爲你的損失而同情你，它就像一台機器，別指望它會在乎你的感受。不要對你的股票或者基金念念不忘，當你把錢投入市場的那一刻，那些錢就已經不屬於你或者任何人了，任何進入這個投資領域的人都有權憑藉自己的能力或是運氣盡可能多地從這裏獲得財富。賺錢或者賠錢，只取決於你自己的判斷，別埋怨任何人。

投資之前須知，機會總是伴隨著風險的，當你將資金投入某個價格波動較大的市場中時，你期望的是獲得差價帶來的利潤，同時你選擇的是承擔風險帶來的損失，你不可能只要其中之一。高風險的策略能最大化你做出正確選擇時的利潤，但它也降低了你做出正確決定的機率。而穩健的策略則能提高你正確的機率，但會減少單筆交易的潛在利潤。

所有成功的投資者都有自己的一套投資理念，他們的方法雖然各不相同，但達到的目的卻是一樣的。方法沒有高低之分，有差別的只是運用它們的人。不要妄圖兼收並蓄所有的資料、指標和工具。市場只有一個，你所使用的任何工具和方法都是用來解讀這個市場的，它們的存在是爲了讓你和市場進行溝通，你能夠同時接聽十部電話嗎？或者說，你會同時用十部電話打給同一個人嗎？如果你能夠抓住根本的市場特徵，並敏銳地感受到它的變化，你就足以成爲一個投資大師了。因此，無論你採用什麼方法，只要它是有效的，只要它讓你感覺到方便，只要它能給你帶來收益，就應當始終堅持它，並在反覆的實踐中更熟練地運用它。這就是成功投資者的秘密之一。

投資並不等同於賭博，如果你僅僅是爲了追求刺激，那麼投資這個行業並不適合你。它並不像媒體上所說的那麼驚心動魄、跌宕起伏，在大多數時候，它的過程非常枯燥，一個成功的投資者也許會一連幾個小時觀察行情的變化，緊緊盯著那些無聊的數字，而只是爲了短短幾分鐘的交易。要知道，投資的收益不是按你付出的時間來計算的，決定你收入的唯一標準是你判斷的正確性。

成功的投資者常常把更多的時間用於研究而不是交易，在最佳時刻沒有出現時，他們總是在默默承受著孤獨。剛開始的時候，你也許會非常不適應這種無聊的生活，你會覺得自己似乎孤獨地生活在一個數字城堡之中。但當你的付出和忍耐獲得了回報以後，你會覺得這一切都是值得的。

當然，僅僅忍受孤獨並不能使你成爲一個成功的投資者，你還需要獨立、堅定、耐心等特質。事實上，給你帶來成功的正確決定往往和大多數人的觀點相反。

要想擁有一個好的投資心態，不是看一兩本書就能夠達到的，你需要在不斷的交易過程中反覆思索，總結成功或失敗的經驗，鍥而不捨地堅持。當你的投資方法已經成爲你的性格和習慣的一部分時，你會發現自己已經在不知不覺中拋棄了那些糟糕的心態。

11 賺錢不怕晚，小錢不嫌少

「從小錢開始」是成大事者用的手段，而有些人一心只想著發大財，不屑於賺小錢，結果只能是大錢小錢都沒有賺到。世界上許多富翁都是從小商小販做起的，只有扎扎實實地從小事情做起，這樣從事的事業才會有堅實的基礎。如果憑投機而暴富，那麼來得快，去得也快，錢賺得容易，失去得也容易。

陳光甫（一八八一～一九七九年），江蘇鎮江人，八歲開始進家鄉私塾讀書，十二歲被父親帶到漢口報關行做學徒。勤苦敬業，業餘自學英語，後考取海關職員，調入雙關稅司。一九〇四年作為國際博覽會中方辦事員進入美國，並取得公費留學。在賓夕法尼亞大學商學院攻讀財政金融專業。一九〇九年歸國後正逢辛亥革命時期，政局不穩，工作屢次變動。一九一五年與友人集資十萬元，創辦民營「上海商業儲蓄銀行」，任總經理。

當時上海最小的私營「浙江紹興銀行」尚有資本七十萬元。而陳光甫僅以十萬元開業，被銀行界譏諷為不起眼的「小不點」。由於規模小，資金少，「大戶人家」根本看不起，當然不會光顧。陳光甫決意以優良服務之長，補「小家當」之短，而向社會中下階層的中小商戶和平民百姓吸收零星存款，賺取蠅頭小利以維持生存。

他採用了「一元儲蓄」，即以一元錢開戶頭。開辦之初曾被傳為笑柄。更有客戶故意刁難，用一百元要求開一百個戶頭。陳光甫誠意照辦不誤。其熱情服務之美譽，從此廣為流傳。此外，陳光甫為擴大小額儲蓄吸收遊資，他不甘於坐守陣地，而是派出得力職員，走進工廠、學校等公眾場合，大力宣傳儲蓄的好處，並就地辦理存儲手續，不但方便了客戶，而且吸收了不少存款。這樣等於是幫助工薪人員理財安家，度過了生活難關，很受歡迎。

從一九一五年至一九二二年的短短七年中，統計資料表明，陳光甫經營的「上海商業儲蓄銀行」的存款額高達一千三百四十五萬餘元。在當時全國四十五家商業銀行中排在第五位。大銀行不足掛齒的蠅頭小利，終於成就了「不以利小而不爲」的銀行家的事業。算算吧，一千三百四十五萬是創業之初十萬元的多少倍？累積七年，每月需吸收多少存款？這些數字並不難算，可是能算出每天所付出的辛苦勞作嗎？這就是有些人不願意的原因！

舊時商人的不捨微利，既體現其「大魚」、「小魚」兼得的盈利思想，又表現其經營技巧的高明。微不足道的小商品，往往卻是生活中不可缺少的東西，由小主顧引來大主顧，由薄利的小生意做成厚利的大買賣。如此一來，蠅頭小利豈不就變成「牛頭大利」了嗎？

同樣，生活當中，也有很多人看不透這個道理，只想著怎麼樣才能夠幹一番轟轟烈烈的大事業出來，結果往往都是好高騖遠，從而一事無成。殊不知，那一點一滴的小事情才是構成成功的主要因素。哪個人的成功不是從微小的事情做起，從而積少成多的呢？

在市場經濟的環境下，金錢是人們生存的物質條件之一。賺到錢，賺到更多的錢，會使人們的生活水準大大提高，生活品質大大改善，這當然是大多數人所期望的事。但怎樣賺錢，特別是在資本不多的情況下用小錢賺到大錢呢？用小錢賺大錢，很多人會覺得太難了。其實，這是因爲人們的習慣性思維束縛了他們的智慧。

今天，在瞬息萬變的市場中，那種只有下大本錢才能賺大錢的思維早已過時，可以說，如果不能充分地瞭解和把握市場風雲變幻的脈搏，即使下足本錢也不一定能賺錢，弄不好甚至還會血本無歸。對於微不足道的細枝末節，絕不可以將其草草一筆帶過，絕不能因利小而不爲！

第5章

陌生人經濟學，讓每一次感動都產生最大效益

如果一家餐廳，有十張限量的贈獎券，哪些消費者可能會得到呢？他到底跟服務生說了什麼，竟能在得到免費餐券的同時，還得到對方的禮物？從陌生人那裏得到實惠前，你首先應該做出怎樣的反應？如果你先向一位陌生人給予積極的鼓勵，得到的回報是否也是積極的？

1 自己動手，不一定能豐衣足食

我們一直以來被教導，自己動手豐衣足食，那麼真的不論什麼事情都應該親力親爲嗎？如果你想寫一封信，難道應該自己去砍一棵樹，然後找到機器來磨紙漿、造紙，甚至自己做鉛筆嗎？我們都知道，這是不可能的，因爲只要去文具店花少量的錢就可以買到我們寫信需要的筆和紙了，根本不需要自己去生產製作，這樣極大地節省了我們的時間，給我們帶來了便利。

戰國時期，有個名叫許行的楚國人來到滕國，他和自己的幾十個門徒穿著粗麻織成的衣服，靠編草鞋、織席謀生，以能自耕自足、不求他人為樂，並據此指責滕國的國君不明事理。因為在許行看來：人不能依賴別人，不能向人求助，所以身為一個真正賢明的國君，他既要替老百姓服務，同時還要和老百姓一樣自耕自食；如果自己不耕種而要別人供養，那就不能算作是賢明的國君。

一個叫陳相的人把許行的所作所為及其主張告訴了孟子。

孟子問陳相：「許行一定只吃自己耕種收穫的糧食嗎？」

陳相回答：「是的。」

孟子接著又問：「那麼，許行一定自己織布才穿衣嗎？他戴的帽子也是自己做的嗎？他煮飯的鐵甑都是自己親手澆鑄的嗎？他耕作用的鐵器也都是自己親手打製的嗎？」

陳相回答說：「都不是的。這些物品都是他用米、草鞋、草席這些東西換來的。」

孟子說：「既然是這樣，那就是許行自己不明白事理了。」

孟子和陳相的對話，明白地指出不論衣食住行等等，我們都是有求於人的，即使擁有上億財產，也不見得買得到你真正想要或需要的東西。

很多人信奉「萬事不求人」或「求人不如求己」的原則，認爲請求別人幫助是自己無能的表現，似乎有些丟臉。這種看法是有失偏頗的。人與人之間的互相幫助是生存與生活的必然現象，而非「無能」或「丟臉」。

2 小狗經濟——團隊分工與合作

電視《動物世界》節目中曾播放過一個場面：在非洲大草原上，三隻瘦弱的小狗與一隻高大的斑馬進行了一場生死搏鬥。一隻小狗咬住斑馬的尾巴，任憑斑馬的尾巴如何甩動，牠都咬住不放；一隻小狗咬住斑馬的耳朵，任憑斑馬如何搖頭，牠也決不鬆口；第三隻稍顯強壯的小狗咬住斑馬的一條腿，任憑斑馬如何踢彈，牠一點也不敢懈怠。

時間一分一秒地過去了，斑馬在這些小狗的前後夾擊下，終於喪失了自衛能力猛然倒地，三條小狗於是置斑馬於死地。

從人類的角度而言，也許是因爲人類太聰明了，都不願自己少獲得一點利益，在博弈過程中，大多數人寧願獨立獲得一分的利益，也不願合作獲得十分的利益。有的即使暫時答應合作，也會因爲某些原因半途而廢，因爲大家在合作的過程中很可能因爲某些小事而相互猜忌，最終還是會放棄合作。

當然，團結合作也是有前提的，假如不能把每個人、每種資源優化合理地進行配置，得到的結果也許還是不能夠盡如人意。所有最大利益化的收益都源於資源的合理配置和將這些資源的優勢發揮到極致。

千萬不要小覷小力量的集合。當我們看到日本聯合超級市場，以中小型超級市場共同進貨爲宗旨而設立的公司的驚人發展，就難免生出如此的感慨。

在一九七三年石油危機之前，總公司設於東京新宿的食品超級市場「三德」的董事長——堀內寬二大聲呼籲：「中小型超級市場跟大規模的超級市場對抗，要生存下去的唯一途徑就是團結。」可是，當時回應的只有十家，總營業額也不過只有數十億日圓而已。但是，現在的日本聯合超級市場的加盟企業，從北海道到沖繩縣共有兩百五十五家，店鋪數達到三千家，總銷售額高達四千七百一十六億日圓，遙遙領先大隈、西友、傑士果等大規模的超級市場。而且，日本聯合超級市場的業績，竟然是號稱巨無霸的大隈超市的兩倍。

之後，日本聯合超級市場的發展更為迅速。一九八二年二月底，聯合超級市場集團的聯盟企業有一百四十五家，加盟店的總數有一千六百七十六家，總銷售額兩千七百五十億日圓。但是，從第二年起，加盟的企業總數就增加為一百七十八家，繼而一百八十七家、兩百家、兩百五十三家持續地膨脹，同時，加盟店的總數也由一九四四家增加為三千家……

原來是一個微不足道的超級市場經營者——堀內寬二，憑藉著中小型超級市場不團結就無法生存的理念，匆忙成立的聯合超級市場，發展到今天，形成他本人也不曾料想到的龐大陣容。目前，日本全國都可以看到聯合超級市場的綠色廣告招牌。

中國有句俗語：「眾人拾柴火焰高。」意思是說，通過聯合的力量，以實現個人力量所不能實現的目標。很多小企業、小公司，在激烈的競爭中，被衝撞得東倒西歪，飄飄搖搖，雖然也有頑強的生命力，但終難形成氣候。小企業、小公司要想在競爭中站穩腳跟，就得聯合統一戰線，共同出擊，以群蟻啃象之勢，去迎接各種挑戰。

3 看菜吃飯、量體裁衣——要瞭解辦事對象

求人辦事之前，一定要對辦事對象的情況進行客觀的瞭解。只有知己知彼才能針對不同的對手，採取不同的會談技巧。

辦事時要見什麼人說什麼話，說話不看對象就達不到求人辦事的目的，更不能順利地

把事情辦好。因此在求人辦事的過程中一定要根據各種人的身分地位、性格愛好和其心理，採取不同的處理方式，並把握好分寸。

求人辦事，除了要考慮對方的身分以外，還要注意觀察對方的性格。一般來說，一個人的性格特點往往會透過自身的言談舉止、表情等流露出來，如：那些快言快語、舉止簡捷、眼神鋒利、情緒容易衝動的人，往往性格急躁；那些直率熱情、活潑好動、反應迅速、喜歡交往的人，往往性格開朗；那些表情細膩、眼神穩定、說話慢條斯理、舉止注意分寸的人，往往性格穩重；那些安靜、抑鬱、不苟言笑、喜歡獨處、不善交往的人，往往性格孤僻；那些口出狂言、自吹自擂、好爲人師的人，往往驕傲自負；那些懂禮貌、講信義、實事求是、心平氣和、尊重別人的人，往往謙虛謹慎。

與不同性格的對象對話，一定要具體分析，區別對待。

《三國演義》中，馬超率兵攻打葭萌關的時候，諸葛亮私下對劉備說：「只有張飛、趙雲二位將軍，方可對敵馬超。」這時，張飛聽說馬超前來攻關，主動請求出戰。諸葛亮佯裝沒聽見，對劉備說：「馬超智勇雙全，無人可敵，除非往荊州喚雲長來，方能對敵。」

張飛說：「軍師為什麼小瞧我！我曾單獨抗拒曹操百萬大軍，難道還怕馬超這個匹夫！」

諸葛亮說：「馬超英勇無比，天下的人都知道，他渭橋六戰，把曹操殺得割鬚棄袍，差一點喪命，絕非等閒之輩，就是雲長來也未必能戰勝他。」

張飛說：「我今天就去，如戰勝不了馬超，甘願受罰！」

諸葛亮看「激將」法起了作用，便順水推舟地說：「既然你肯立軍令狀，便可以為先鋒！」

性格有時會影響做事的效果。諸葛亮針對張飛脾氣暴躁的性格，常常採用「激將法」來說服他。每當遇到重要戰事，先說他擔當不了此任，或說怕他貪杯酒後誤事，激他立下軍令狀，增強他的責任感和緊迫感，激發他的鬥志和勇氣，掃除他的輕敵思想。

我們在辦事時，雖然被求者的情況有種種不同，如對方的興趣、愛好、長處、弱點、情緒、思想觀念等，這些都是需要注意的內容，但身分與性格卻是必須要優先注意的。比如，知識高深的對象，對知識性的東西抱有極大的興趣，不屑聽膚淺、通俗的話，應充分顯示你的博學多才，多作抽象推理，致力於對各種問題之間內在聯繫的探討。

4 從語言瞭解對方，是取得勝利的關鍵

我們可以從對方言談的細微之處觀察其性格特徵和內心活動。在談吐中常說出「果然」的人，多自以爲是，強調個人主張。經常使用「其實」的人，大多希望別人注意自己，他們任性、倔強、自負。經常使用「最後怎麼怎麼」一類辭彙的人，則大多是其潛在的欲求未能得到滿足。

說話前要揣摸對方的心理。通過對手無意中顯露出來的態度及姿態，有時能捕捉到比語言表露更爲真實、微妙的思想。例如，對方抱著胳膊，表示在思考問題；抱著頭，表明一籌莫展；低頭走路，步履沉重，說明他心灰氣餒；昂首挺胸，高聲交談，是自信的流露；女性一言不發，揉搓手帕，說明她心中有話，卻不知從何說起；真正自信而有實力的人，反而會謙虛地聽取別人的講話；抖動雙腿常常是內心不安、苦思對策的舉動，若是輕微顫動，就可能是心緒悠閒的表現。

對辦事對象的瞭解，不能停留在靜觀默察上，還應主動偵察，採用一定的偵察對策，激發對方的情緒，才能夠迅速準確地把握對方的思想脈絡和動態，從而順其思路進行引

導，這樣的會談更易於成功。

5 首因效應——進入人們大腦的捷徑

要想「在對方頭腦裏留下不可磨滅的印象」，你首先需要的就是一個未受其他品牌玷污的大腦。

你如果不是第一個進入預期客戶頭腦的（無論是作為個人、政客還是商家），就會遇到定位問題。

你不妨問自己幾個簡單的問題，看看這個原則是否有效。

第一個獨自飛越北大西洋的人叫什麼名字？查爾期・林德伯格（Charles Lindberg），對吧？

那麼，第二個獨自飛越北大西洋的人叫什麼呢？不那麼好回答了吧？

第一個登陸月球的人叫什麼名字？當然是尼爾・阿姆斯壯（Nell Armstrong）了。

第二個做這壯舉的人姓甚名誰？

世界上最高的山峰叫什麼？喜瑪拉雅山的珠穆朗瑪峰，對吧？

那世界第二高峰叫什麼？

第一印象具有鮮明、深刻等特點，因此，第一印象的好壞直接關係到交往的進行。要給對方留下良好的第一印象，社交者首先應注意自己的外貌和舉止。外貌包括衣著、髮型等。一個成功的社交者，其衣著應符合自己的身分，並要根據自己的年齡、身材來決定服裝的樣式與色彩，做到貼身、整潔、美觀、大方。髮型則要考慮自己的臉型、職業及時令，以自然端莊取勝。

在人際交往中，優雅的舉止是社交的潤滑劑，能起到推進交際進行的作用。舉止不當是缺乏修養沒有風度的自然流露，會影響自身的形象塑造，引起對方的不快，不利於社交的進行。

在社交中，由於交際雙方處於平等地位，因此第一印象的好壞不僅與交際者本人的容貌舉止、應酬答對有關，還與對方的性格特徵、年齡職業有關。這就要求在交際時要細心觀察，注意對方的心理特徵和性格愛好。這樣根據不同的對象採取不同的交際方法，可以使對方感受到交際者的一片真誠，促進雙方交往。

商場上的交往不同於一般交往，可以依靠時間來考驗——可長可短，由自己決定；再者，做生意對人有不同的要求，大家都懂得商界有風險，所以打交道時也格外謹慎。前者決定了人們在商務交際中都不願浪費時間，所以不必也不願去應付一些與實際無關的人和事，後者則決定了雙方不可能一下子就親密無間。所以第一印象就顯得異常重要，唯恐弄不好就會永遠失掉機會，或者使對方更加提防。

好在第一印象是能夠創造的，你可以根據時間、地點、交際對象的情況來創造環境和氣氛，在別人心目中建立一種好的印象。

一般說來，初次見面，要想給對方留下好印象需注意下面幾點：

(1)按照對方習慣的規則行事，不對對方的生活習慣構成威脅；

(2)做對方喜歡的事，不做對方不喜歡的事；

(3)證明別人的看法和觀點是對的，而不是強求別人接受自己的看法和觀點；

(4)你是否是對方喜歡打交道的那種人；

(5)你的舉止言談和對方最不喜歡的那類人有沒有共同之處。

這幾條歸納起來，可以稱爲「一致原則」、「討好原則」、「合作原則」、「期待滿足原則」和「安全原則」。

顯然，這「五項原則」對不同的人有不同的要求。這一方面說明生活和人是複雜的，並沒有統一的模式；另一方面也說明創造好印象是絕對可能的，不管你本人的條件如何，只要你摸清了情況，把握了對方的心理，就一定能夠創造奇蹟，給對方留下美好的印象。

這種好印象往往來自以下幾個方面：

一是**盡可能瞭解對方**。這是創造良好第一印象的基礎。

所以，一般西方人在交際中都極注意收集對象的資料，從商務狀況到個人愛好都非常重視。這也就是說，所謂「第一次見面」只是表面上的，實際上並不是對對方一無所知，一切都不過是「裝著不知道」而已。

有時，你可以「製造」一個機會，策劃好一個小事件，顯得是偶然巧合。一本小說曾寫過這樣一個情節：一九六〇年夏天，一個星期六的下午，一位五官端正、衣著入時的青年手捧一束紅玫瑰，禮貌地敲一間公寓的門。公寓的主人是聯邦德國外交部年輕女秘書海因茲。她謹慎地打開門，面對這位不速之客，她不知所措。

難堪之餘，這位男士連連道歉：「我敲錯了門，是個誤會，請原諒。」然後轉身離去。沒走兩步，又轉身走過來對海因茲說：「請收下這束鮮花，作爲我打擾你的補償。」海因茲盛情難卻，把他請進房裏，兩人就這樣認識了。

實際上，這個偶然的誤會是男青年早就策劃好了的。不過，像這樣的善意「欺騙」，要注意，前提是並不傷害對方的自尊。

還有兩個小技巧，讓你「快速」進入對方的大腦。

製造自然接近對方身體的機會。

這是某位評論家在雜誌上提到的，當他在百貨公司買襯衫或領帶時，女店員總是會說：「我替你量一下尺寸吧！」每當這時，這位評論家都會在心中喝道：「嗯！這種方法真不錯，我上當了。」這是因爲對方要替你量尺寸時，她的身體勢必會接近過來，有時還接近到只有情侶之間才有的極近距離，使得被接近者的心中，興起一種類似談戀愛的興奮感。

每個人對自己身體四周的地方，都會有一種勢力範圍的感覺，而這種靠近身體的勢力範圍內，通常只能允許親近之人接近。相反，像這位評論家一樣允許別人進入你的身體四周，就會有種已經承認和對方有親近關係的錯覺，這一點對任何人來說都是相同的。推銷員就常利用這種方法，一邊談話，一邊很自然地移動位置，挨到顧客身旁。

因此，如果你想及早造成親密關係，可以試著製造出自然接近對方身體的機會。前提是一定要自然，搞不好弄巧成拙就得不償失了。

對初次見面的對方，採取位於旁邊的位置。

每個人都有同感，就是和初次見面的人面對面談話，是一件不太好受的事。這是因爲兩人的視線極易相遇，而導致兩人之間的緊張感增加。一位富豪曾經談起，如果有他不願意借錢給他的人向他借錢，他就會和他面對面交談。因爲這樣談話會使對方緊張而不敢亂開口，即使借給了他也不敢不還，而相反借錢不還的，都是坐旁邊位置談話的人。

與人交談時坐在旁邊的位置，自然就會相對放鬆下來，這是因爲不必一直留心對方的視線，而只在必要時同他對視即可。坐在對方身旁的位置與之交談，對親近感的增加很有幫助。

二是**營造良好的氣氛**。

這個氣氛有兩方面的意義，一方面是讓對方感到舒服，符合對方的喜好；另一方面也是讓對方瞭解你的格調。

不要過於嚴肅或帶著架子，如能幽默一點，效果會更好。有的人自我感覺很好，而且各方面條件確實不錯，但爲什麼常常在搭訕時遭到冷遇，自討沒趣？關鍵就是有優越感，高高在上，談起自己眉飛色舞，這是令人討厭的。即使你取得了巨大成功，但如果一味地自吹自擂，只會令人望而遠之。一般而言，人們對那些經歷坎坷、屢遭不幸而最終出人頭地的人容易產生同情、親密和佩服。因此，政治家或名人為了提高知名度和贏得支持，往往再三渲染自己為取得成功付出的巨大努力或童年的不幸遭遇。這實際是一種技巧，用所謂心理學上的通感現象來贏得人心。

三是**製造話題**。

即讓對方有話可說，發揮對方的長處，這樣才能顯示自己的興趣正好和對方相一致。尋找共同點作為話題，可「黏」住對方。「物以類聚，人以群分」，每個人的社交圈，實際上都是以自己為圓點，以共同點（年齡、愛好、經歷、知識層次等）為半徑構成無數的同心圓。共同點越多，圓與圓之間交叉的面積越大，共同語言也越多，也越容易引起對方的共鳴。因此，在與他人搭訕時，一定要留意共同點，並不斷把共同點擴大，對方談起來才會興致勃勃，談話才會深入持久。

多談對方關心的事情，免得使對方反感。搭訕中，你不可大肆吹噓自己，這只會令對方反感。你必須把對方關心的事放進去。對方關心什麼呢？人們最關心的是自己，這是人類最普遍的心理現象。比如，當我們觀看一張合影相片時，最先尋找的通常都是自己，如果自己的面目照得走了樣，就會認為整張照片拍得不好。因此，你必須談對方所關心的，不斷提起、不斷深化，對方不僅不會厭惡，而且還會認為你很關心體貼他（她）。

四是**有所承諾**。

承諾並不一定是指生意上的，很可能是某些很細小的事情，比如查一個日期，告訴對方他想知道的某天報紙上的一則報導。承諾是爲了使別人感到可以信賴，有興趣和你繼續交往，這也說明好的第一印象並非一見面就確定下來，很可能是在見面之後才形成的。比如對方無意中提到一件事，也根本沒想到你會記得它，結果第二天就接到你的電話，你認真地告訴了他有關的資料，這肯定會給對方一個難忘的印象。

6 期待效應——他會成為你想像中的那種人

一九六〇年，哈佛大學的羅森塔爾教授曾在加州一所學校做過一個關於期待效應的實驗。

新學期，羅森塔爾以及參與實驗的人員來到一所學校，他們以「未來發展趨勢測驗」爲名，要求校長對兩位教師說：「根據過去三四年來的教學表現，校方認定你們是本校最好的教師。爲了能夠培養更多的優秀人才，也爲了獎勵你們，本學期，校方特地挑選了一些智商比同齡孩子都要高的學生讓你們教，學校相信，有你們這些優秀的教師，加上這些高智商的學生，他們會變得更加優秀，但你們無需特例，只需像平常一樣教他們即可。」

這兩位教師聽後感到非常自豪，也更加努力地教學。

一年後，這兩個班級中的學生是全校中最優秀的，成績也比其他班學生的成績要高出幾倍。後來校長把這個真相告訴了老師，這些學生的智商並不比其他學生高，他們是在學生中隨機抽取的，他們兩個也不是本校最好的教師，也是在教師中隨機抽取的。

爲什麼會出現這樣的現象?心理學家指出，這種用直接或者間接的話語、行爲，期待將美好的願望變成現實的心理，在心理學上稱爲「期待效應」的影響力，也就是直接告訴他人成爲你想像中那個人的影響力。實驗中，實驗人員對校長的期待、校長對老師的期待，左右了教師對名單上學生能力的評價。而教師又通過這一心理活動，把這種積極的感情、語言、行爲傳遞給學生，從而使學生因這種期望，萌生出自尊、自愛、自強、自信的力量，而成爲優秀的學生。

心理學上的這種效應告訴人們，在人際交往以及爲人處世中，要想有效地影響對方爲自己辦事，就要對對方寄予某種期望，並且要將這種期望透過言語表達出來，讓對方知道你有這方面的期望，這利於對方產生出相應於這種期望的特性。無論是愛、稱讚、感謝、期盼，還是其他，都應該說出來讓對方知道。如果你認爲只放在心裏就行了，那就大錯特錯了。對此，不妨看看卡內基小時候的事情。

卡內基很小的時候，他的親生母親就去世了。九歲那年，他的父親給他娶了一個繼母。繼母進門的第一天，父親便指著卡內基對繼母說：「他，你可要小心了，他是鄰居們公認的壞孩子，也許以後最令你頭疼的事情，便是他惹出來的。」

本來卡內基對繼母就有想法，所以產生了抵抗情緒，但繼母的舉動卻讓他感到意外。她走到卡內基面前，用手輕輕地撫摸著卡內基的頭部，然後笑著責怪他的父親說：「你怎麼能這麼說呢？你看他現在多乖，應該是最聰明聽話的孩子。」

繼母的話讓卡內基感動萬分，就連他母親在世的時候，也沒有這樣稱讚過他。正因為這句話，在以後的日子中，他和繼母相處得很好。

著名的心理學家傑絲・雷爾說：「稱讚對溫暖人類的靈魂而言，就像陽光一樣，沒有它，我們就無法成長開花。但是我們大多數人，只是敏於躲避別人的冷言冷語，而我們自己卻吝於把讚許的溫暖陽光給予別人。」生活需要像稱讚一樣直接明瞭的期望，因爲這種期望更易於被人理解，也更易於讓人接受。當人們完全地理解並接受了這樣的稱讚後，它就能轉化成無窮無盡的力量，也能夠促使人們向著這個方向發展。

俗語說：「善意需要適當的行動表達。」事實就是這樣。當你試圖影響對方做某件事情的時候，只有讓對方完完全全地明白了你的意思，並懂得了你的期望，他才能更好地向著你期望的方向發展，你才能更好地影響對方。

7 在任何談判展開之前，準備得越充分，對自己越有利

你去買東西，賣方開口就是高價的策略，比如市價一百元，賣方開價卻是五百，這個時候，不熟悉市場行情的你很有可能砍到三百塊，賣方心裏竊喜，一邊給你包東西，一邊還假裝鬱悶地誇你會砍價，讓你愉快地結束了這次購物。其實，在整個過程中，你是被對方所操縱著。

如何才能避免被對方操縱呢?在任何的談判展開之前，準備得越充分，對自己也越有利，對方自然很難操縱你。

8 光環效應——最好的辦法就是找名人為你做廣告

光環效應又稱暈輪效應，它是一種影響人際知覺的因素。這種愛屋及烏的強烈知覺的品質或特點，就像月暈的光環一樣，向周圍瀰漫擴散，所以人們就稱這一心理效應爲光環效應。

和光環效應相反的是惡魔效應。即對人的某一品質，或對物品的某一特性有壞的印象，會使人對這個人的其他品質，或這一物品的其他特性的評價偏低。

名人效應是一種典型的光環效應。不難發現，拍廣告的多數是那些有名的歌星影星，很少見到那些名不見經傳的小人物。因爲明星推薦的商品更容易得到大家的認同。一個作家一旦出名，以前壓箱底的稿件全部不愁發表，所有著作都不必擔心銷售，這都是光環效應的作用。

企業怎樣才能讓自己的產品爲大眾瞭解並接受？一條捷徑就是讓企業的形象或產品與名人相黏連，讓名人爲公司做宣傳。這樣，可以借助名人的「名氣」幫助企業聚集更旺的人氣。

現在，愛迪達的運動鞋幾乎無人不知，無人不曉。但是，沒有幾個人知道這家德國的體育用品公司是怎樣出名的。其實，它的聞名於世，全賴於很好地利用了奧運會這個資源。

愛迪達足球鞋走向世界的契機是一九三六年的奧運會。

這一年，公司創始人愛迪・達斯勒突發奇想，製作了一雙帶釘子的短跑運動鞋。怎樣使這種樣式特別的鞋賣個好價錢呢？為此頗費了一番腦筋。

他聽到一個消息：美國短跑名將歐文斯最有希望奪冠。於是他把鞋子免費送給歐文斯試穿，結果不出所料，歐文斯在那屆運動會上四次奪得金牌。當所有的新聞媒介、億萬觀眾爭睹名星風采時，那雙造型獨特的運動鞋自然也格外引人注目。奧運會結束後，這種定名為「愛迪達」的新型運動鞋便開始暢銷世界，成為短跑運動員的必備之物。以後，每逢有新產品問世，愛迪總要精心選擇試穿的運動員和產品的推出時機。

一九五四年，世界盃足球賽在瑞士舉行，年事已高的愛迪推出了一個新品種——可以更換鞋底的足球鞋。決賽那天，體育場一片泥濘，匈牙利隊員在場上跟跟蹌蹌，而穿愛迪達的德國隊球員卻健步如飛，並首次登上世界冠軍的寶座。愛迪達新型運動鞋又一次引起轟動效應，馬上，整個德國乃至全世界的體育界，都成為愛迪達的商業舞臺，產品幾乎供不應求。

一九七〇年，墨西哥世界盃足球賽開幕，人們驚異地發現德國名將烏韋・賽勒爾在綠茵場上馳騁如故。而在此之前，他腿部受傷的消息已傳揚多時，許多人都在深深地為他惋惜。愛迪特意為他趕製了一雙球鞋，使他得以重返球場。賽勒爾的這雙鞋自然又一次成了賽場新聞而傳遍世界，愛迪達又身價倍增地和明星的名字聯在一起。

在外人看來，愛迪達運動鞋似乎與冠軍有著某種必然的聯繫，穿上它就意味著成功。其實，這種必然聯繫來源於愛迪多次對成功者的準確預測與選擇。也就是說，只有把握好產品的推出時機，才能借名人聲譽創出名牌產品，而這也成爲了愛迪達得以成功的良策。

名人本身不能爲企業創造什麼價值，但是其在公眾中的無形影響力卻是企業求之而不得的。所以，要想使你的產品迅速爲大眾所知，打開銷路，最好的辦法就是找名人爲你做廣告。

9 他山之石，可以攻玉——別人會做，等於自己會做

《詩經・小雅・鶴鳴》云：「他山之石，可以爲錯」，「他山之石，可以攻玉」。其原義是指借助別的山上的石頭來打磨玉器，比喻可以借助外力，來實現既定的目標。

古人言：「下君之策盡自之力，中君之策盡人之力，上君之策盡人之智。」

一個人爲了能完成自己的事業用盡畢生的精力，這是難能可貴的，但是，一個人或一個團體，只靠自己本身的努力是不夠的，特別是在當今社會科學技術高度發達的情況下，門類很多，社會分工精細，一個人或一個團體所掌握的科學技術知識是極有限的。在某些科學技術乃至具體工作環節上，哪怕是最傑出的人物或團體，亦不可能獨自完成，必須要借助別人的力量才能攻克。

更値得注意的，人的智慧力量是無窮無盡的，盡人之力遠不如盡人之智，所以，才有了古人所說的下中上的策略。

爲了某種目的的達成，就需要借勢或造勢，巧借時局，順勢而上。唐代詩人王之煥有句婦孺皆知的名句：「欲窮千里目，更上一層樓。」就是說爲了看得更遠，就需去登高；

爲了涉水過河，就得去打造船隻。只有善於借助外力，才能取得更大的優勢。

猶太人做生意全世界有名，在生意場上，他們常常使出一些常人意想不到的高招，輕鬆賺得巨額財富。

在日本東部有一個風光旖旎的小島——鹿兒島，因氣候溫和、鳥語花香，每年都吸引了大批來自各地的觀光客。

有一位名叫阿德森的猶太人在日本經商多年，第一次登上鹿兒島之後，便喜歡上了這裏，決定放棄過去的生意，在此建一個豪華氣派的度假村。

一年後，度假村落成。但由於度假村地處一片沒有樹木的山坡，一些投宿的觀光客總覺得有些許掃興，建議阿德森儘快在山坡上種一些樹，改善度假村的環境。阿德森覺得這個建議好是好，但工錢昂貴，又雇不到工人，因此遲遲無法實現。

不過，阿德森天生就是做生意的料，他腦子一轉，立即想出了一個妙招——借力。他迅速在自家度假村門口及各主要路口的巨型看板上打出一則這樣的廣告：

各位親愛的遊客：您想在鹿兒島留下永久的紀念嗎？如果想，那麼請來鹿兒島度假村的山坡上栽上一棵「旅行紀念樹」或「新婚紀念樹」吧！

常年生活在大都市的城裏人，在廢氣和噪音中生活久了，十分渴望到大自然中去呼吸一下新鮮空氣，如果還能親手栽上一棵樹，留下「到此一遊」的永恆紀念，別提多有意義了。於是，各地遊客紛紛慕名而來。一時間，鹿兒島度假村變得遊客盈門，熱鬧非凡。

當然，阿德森並沒有忘記替栽樹的遊客準備一些花草、樹苗、鏟子和澆灌的工具，以及一些為栽樹者留名的木牌。並規定：遊客栽一棵樹，鹿兒島度假村收取三百日圓的樹苗費，並給每棵樹配一塊木牌，由遊客親自在上面刻上自己的名字，以示紀念。

這是很有吸引力的，到此一遊的人誰不想留個紀念？因此，一年下來，度假村除食宿費收入外，還收取了「綠色栽樹費」共一千多萬，扣除樹苗成本費四百多萬，還賺了近六百萬日圓。幾年以後，隨著幼樹成材，原先的禿山坡變成了綠山坡。

讓你出錢，讓你出力，還讓你高興而來，滿意而歸，這似乎是不可能的事情。可精明的阿德森卻看到了這一「不可能」之中的可能性，做了一筆一舉兩得的生意。這其中，我們看到了行銷創意的價值和魅力。你瞧，本來是既花錢又費工的一件事，經行銷高手一擺弄，竟變爲了招徠顧客的一種手段，你能不爲之叫絕嗎？

其實，阿德森所使的這一高招——借力，誰都知道，但能用得如此出神入化者就極其罕見了。

「借力」不僅是發財的高招，也是一個成大事者必須具備的能力，畢竟一個人的能力是有限的。憑自己的能力賺錢固然是真本事，但是，能巧妙借他人的力量賺錢，卻是一門高超的藝術。

企業在實施這種「借雞生蛋」的投資策略時，也應注意如下幾個問題：

一是要把握住「借雞」的時機。如果時機把握得不當，借來的「雞」就可能只耗食而不生「蛋」。

二是要選準「雞」，尤其在非資金性的借用上。在國內出現過從國外高額購入的生產設備實則是外方淘汰的二手貨，結果不能發揮正常的功用，更不用說發揮高效作用，這種「雞」就是一種「不生蛋」的「雞」，對其進行投資只能給企業造成損失。

三是投資借來的「雞」要讓牠生蛋，而不是日日養著牠。比如，有的企業從其他地方融來資金後，不是進行投資獲利，而是還債，拆了東牆補西牆，最後落得越拆越亂。

10 互惠效應——既要讓自己受益，又能讓對方受益

經濟學上講的互惠效應，要點就是互借互利，既要讓自己受益，又能讓對方受益。不讓別人受益，別人肯定是不會爲你所用的，

那麼，我們具體該如何來用好這一招呢？

一、借上司的「力」

上司的「力」是否好借，這就要看你對上司瞭解和熟悉的程度。首先要充分瞭解和熟悉自己的上司。比如其經歷、好惡、工作習慣……精明的上司賞識的都是那些熟悉自己並能懂得自己心意的下屬。

其次，要充分理解上司的真實意圖。當你被委以重任時，上級對你說：「好好幹啊！」於是你就回答說：「我一定好好幹。」似乎如此回答是理所當然的。可是從一開始，你就犯了一個錯誤，因為你不清楚被拜託的是什麼？要好好幹的是什麼？為什麼要幹？幹到什麼時候？幹到什麼程度？……所以，應該明白上司的真實意圖，站在上司的角度考慮問題，在實踐的過程中還要經常徵求上司的意見和建議。

再次，要明白上司的難處，關鍵時候還要主動站出來做出一些自我犧牲或放棄自己的個人利益，上司自然會認為你夠朋友、講感情、有覺悟，你在他心目中的形象就會更好。

最後，不要喧賓奪主。有些人，有了些權力之後，就自以為大權在握，就不把別人，甚至上司放在眼裏。除此以外，還可能會成為上司打擊的對象，那麼離炒魷魚也就不遠了。

二、借同級的「力」

俗話說：「孤掌難鳴。」如果在工作時得不到同事的支持，很多時候是很難有所作為的。當然，作為同事，有時候免不了也會有利益衝突，比如政治榮譽的歸屬和經濟收益的分配……這時候，就應該學會謙讓，不要爭功，更不要攬利。應主動徵求同事對自己工作和作風上的意見和建議，彼此真誠相待。

三、敢於「借貸款」

小商品經營大王格林尼說過：「真正的商人敢於拿妻子的結婚項鏈去抵押。」小心謹慎地做自己的生意，固然是必要的，但要在商場上成大氣候，還需大膽地向前邁步。事實上，不少白手起家的富翁沒有不借債的。

法國著名作家小仲馬在他的劇本《金錢問題》中說過這樣一句話：「商業，這是十分簡單的事。它就是借用別人的資金！」也證明了財富是建立在借貸基礎上的。但同樣需要創造財富者具有充分利用借貸，擅長利用借貸款的能力。

四、借別人的腦袋、技術來為自己所用

借別人的腦袋、技術來爲自己所用，善於將別人的長處最大限度地變爲己用，這是最聰明的辦法，也是最省錢省事、最快的成功捷徑。

五、借助輿論，壯大你的優勢

從明星的緋聞到政客的傳奇，諸多事件都驗證了輿論的強大威力。在社會上，輿論像洶湧的波濤，可以把你淹沒海底，也可以把你推上天空。

真正有心計的人，幾乎都善於利用輿論來爲自己服務，牢牢地鎖定目標，製造出「非我莫屬」的聲勢。你要善於人爲地爲自己製造一些焦點和聲勢。即使有雄心也不要急於行動，而是利用各方面的力量，爲達到自己的真正意圖搖旗吶喊，最終達到自己的目的。

六、找一棵可以遮風避雨的「大樹」

人生路上充滿了很多的艱辛坎坷，光靠一個人的努力有時難以面對，難免顯得勢單力薄。因此，找到一棵可以遮風避雨的「大樹」，進可以攻，退可以守，有了堅實的後盾做靠山，取得成功也就易如反掌。

最後要提醒你的是，當你找到自己的「靠山」與「乘涼之樹」後，不能完全倚仗他人來生活，你還需要更加努力，只是利用一下他人給你提供的條件罷了。

11 適當出點小洋相，可以拉近彼此間距離

主動示弱，在某種意義上說也是人生在世的一種姿態。如今的很多人都愛表現出強者風範，但往往碰得頭破血流；而懂得適當示弱的人，則更容易被接受。所以，做人做事，如果能適時地示弱，有時可能會成爲贏家。世上沒有風平浪靜的海，也沒有一帆風順的路，我們每個人都會遇到困難和挫折，既然避免不了，就不應太在意，時時放在心上。有時候，既然不能硬碰硬，那就不如學會主動示弱，淡然處事。

其實，人大都具有一種妒忌的心理，而示弱能使處境不如自己的人保持心態平衡，有利於人際交往。畢竟，一個人在這方面突出，那麼另一方面就難免有弱點。所以在社交

中，就不妨選擇自己「弱」的一面，以之示人，讓別人放鬆警惕。

曾有一名記者去拜訪一位企業家，目的是要獲得有關他的一些負面資料。然而，還來不及寒暄，這位企業家就對想質問他的記者說：「時間還早得很，我們可以慢慢談。」記者對企業家這種從容不迫的態度深感意外。

不多時，秘書將咖啡端上桌來。這位企業家端起咖啡喝了一口，立即大嚷道：「哦！好燙！」咖啡杯隨之滾落在地。等秘書收拾好後，企業家又把香菸倒著放入嘴中，從濾嘴處點火。這時記者趕忙提醒：「先生，你將香菸拿反了。」企業家聽到這話之後，慌忙將香菸拿正，不料卻又將菸灰缸碰翻在地。

在商場中趾高氣揚的企業家出了一連串的洋相，使記者驚訝不已。不知不覺中，原來的那種挑戰情緒完全消失了，甚至對對方產生了一種同情。這就是企業家想要得到的效果。這整個的過程，其實是企業家一手安排的。因為在通常情況下，當人們發現傑出的權威人物也有許多弱點時，過去對他抱有的恐懼感就會消失，而且由於同情心的驅使，還會對對方產生某種程度的親切感。

在人際交往中，要使別人對你放鬆警惕，產生親近之感，只要你能很巧妙地、不露痕跡地在他人面前暴露某些無關痛癢的缺點，出點小洋相，表明自己並不是一個高高在上、十全十美的人，這樣就會使人在與你交往時鬆一口氣，不再以你爲敵。

從這裏我們可以看出，主動示弱是一種生存策略。在當今競爭激烈的環境下，鋒芒畢露的人總會成爲眾矢之的而被大家孤立或拋棄，最終難以取得勝利。而懂得隱藏自己的實力，消除大家的防備之心，在適當的時候再發動出其不意的打擊，一舉贏得競爭的勝利，才是能適應當今社會的生存法則。

12 多談一談對方的得意之事，更容易贏得對方的贊同

《富比士》雜誌上曾登過一篇《良好人際關係的一劑藥方》的文章，其中有幾點值得借鑒——

語言中最重要的五個字是：「我以你爲榮！」

語言中最重要的四個字是：「您怎麼看？」

語言中最重要的三個字是：「麻煩您！」

語言中最重要的兩個字是：「謝謝！」

語言中最重要的一個字是：「你」。

語言中最次要的一個字是：「我」。

亨利・福特二世描述令人厭煩的行爲時說：「一個滿嘴『我』的人，一個獨佔『我』字，隨時隨地說『我』的人，是一個不受歡迎的人。」在不同的語言背景下，說「我」與「我們」是有不同意義的。

在人際交往中，「我」字講得太多並過分強調，會給人突出自我、標榜自我的印象，這會在對方與你之間築起一道防線，形成障礙，影響別人對你的認同。因此，關注攻心的人，在語言交流中，總會避開「我」字，而用「我們」開頭。

人們最感興趣的就是談論自己的事情，而對於那些與自己毫無相關的事情，大多數人覺得索然無味。對於你表現最大興趣的事情，常常不僅很難引起別人的同情，而且別人還會覺得好笑。年輕的母親會熱情地對人說：「我們的寶寶會叫『媽媽』了。」她這時的心情是高興的，可是旁人聽了會和她一樣地高興嗎？不一定。誰家的孩子不會叫媽媽呢？不會叫媽媽的孩子才是怪事呢。所以，你看來是充滿了喜悅，別人卻不一定有同感，這是人之常情。

竭力忘記你自己，不要總是談你個人的事情，你的孩子，你的生活。人人喜歡的都是自己所熟知的事情，那麼，在交際上你就可以明白別人的弱點，而儘量去引導別人說他自己的事情，這是使對方高興最好的方法。你以充滿誠意和熱情的心去聽他敘述，一定會給對方以最佳的印象，對方也會熱情歡迎你，真心接待你。

無論是與朋友還是客戶交談，多談一談對方的得意之事，這樣更容易贏得對方的贊同。如果恰到好處，他肯定會高興，並對你心存好感。

美國著名的柯達公司創始人伊斯曼捐贈鉅款在羅徹斯特建造一座音樂堂、一座紀念館和一座戲院。為承接這批建築物內的坐椅的製造，許多製造商展開了激烈的競爭。但是，找伊斯曼談生意的商人無不乘興而來，敗興而歸，一無所獲。

正是在這樣的情況下，優美公司的經理亞當森前來會見伊斯曼，希望能夠得到這筆價值九萬美元的生意。

伊斯曼的秘書在引見亞當森前，就對亞當森說：「我知道您急於想得到這批訂貨，但我現在可以告訴您，如果您佔用伊斯曼先生五鐘以上的時間，您就完了。他是一個很嚴厲的大忙人，所以您進去後要快快地講。」亞當森微笑著點頭稱是。

亞當森被引進伊斯曼的辦公室後，看見伊斯曼正埋頭於桌上的一堆文件，於是靜靜地站在那裏仔細地打量起這間辦公室來。

過了一會兒，伊斯曼抬起頭來，發現了亞當森，便問道：「先生有何見教？」

這時，亞當森沒有談生意，而是說：「伊斯曼先生，在我等您的時候，我仔細地觀察了您這間辦公室。我本人長期從事室內的木工裝修，但從來沒見過裝修得這麼精致的辦公室。」

伊期曼回答說：「哎呀！這間辦公室是我親自設計的，當初剛建好的時候，我喜歡極了。但是後來一忙，一連幾個星期我都沒有機會仔細欣賞一下這個房間。」

亞當森走到牆邊，用手在木板上一擦，說：「我想這是英國橡木，是不是？義大利的橡木質地不是這樣的。」

「是的，」伊斯曼高興得站起身來回答說，「那是從英國進口的橡木，是我一位專門研究室內橡木的朋友專程去英國為我訂的貨。」

伊斯曼心情極好，便帶著亞當森仔細地參觀起辦公室來了。他把辦公室內所有的裝飾一件件向亞當森作介紹，從木質談到比例，又從比例扯到顏色，從手藝談到價格，然後又詳細介紹了他設計的經過。

此時，亞當森微笑著聆聽，饒有興致。他看到伊斯曼談興正濃，便好奇地詢問起他的經歷。伊斯曼便向他講述了自己苦難的青少年時期的生活，母子倆如何在貧困中掙扎的情景，自己發明柯達相機的經過，以及自己打算為社會所作的巨額的捐贈……亞當森由衷地讚揚他的功德心。

本來秘書警告過亞當森，談話不要超過五分鐘，結果，亞當森和伊斯曼談了一個小時，又一個小時，一直談到中午。

最後伊斯曼對亞當森說：「上次我在日本買了幾張椅子，放在我家的走廊裏，由於日曬都脫了漆。昨天我上街買了油漆，打算由自己把它們重新油漆好。您有興趣看看我的油漆表演嗎？到我家裏和我一起吃午飯，再看看我的手藝。」

午飯以後，伊斯曼便動手把椅子一一漆好，並深感自豪。直到亞當森告別的時候，兩人都未談及生意。最後，亞當森不但得到了大批的訂單，而且和伊斯曼結下了終身的友誼。

爲什麼伊斯曼把這筆大生意給了亞當森，而沒給別人？這與亞當森的口才有很大關係。如果他一進辦公室就談生意，十有八九要被趕出來。亞當森成功的訣竅，就在於他瞭解攻心對象。他從伊斯曼的辦公室入手，巧妙地讚揚了伊斯曼的成就，談得更多的是伊斯曼的得意之事，這樣，就使伊斯曼的自尊心得到了極大的滿足，把他視爲知己。這筆生意當然非亞當森莫屬了。

13 讓別人占點小便宜，你將收穫人心

范曄曾有一句名言：「天下皆知取之爲取，而不知與之爲取。」沒有無回報的付出，也沒有無付出的回報。一般情況下，付出越多，得到的回報越大，只想別人給予自己，而自己只等著接受，那麼回報的源泉終將枯竭。有一句話說得好：「愛出者愛返，福往者福來」，人世間的絕大部分事情，給予了付出才會有所回報。

春秋戰國時期，孟嘗君求賢若渴。他待人真誠，感動了一個具有真才實學但十

分落魄的士人，這個人名叫馮諼。馮諼在受到孟嘗君的禮遇後，決心為他效力。有一天，孟嘗君要叫人為他到其封地薛邑討債，問誰願意去，沒有人出來應答。

半晌，馮諼站了出來，說：「我願去，但不知用催討回來的錢，需要買什麼東西？」孟嘗君說：「如果要買的話，就買點我們家缺少或沒有的東西。」眾人聽了都為馮諼捏一把汗，因為世間稀罕之物，孟嘗君應有盡有。

但是馮諼好像沒有考慮那麼多，馬上領命而去。他到了薛邑後，見到老百姓的生活十分的窮困，聽說孟嘗君的討債使者來了，都滿腹怨言。於是，他召集了邑中居民，對大家說：「孟嘗君知道大家生活困難，這次特意派我來告訴大家，以前的欠債一筆勾銷，利息也不用償還了，孟嘗君叫我把債券也帶來了，今天當著大夥的面，我把它燒毀，從今以後，再不催還！」說著，馮諼果真點起一把火，把債券都燒了。薛邑的百姓沒有料到孟嘗君是如此仁義，個個感激得一把鼻涕兩行淚，覺得這輩子沒法回報孟嘗君了。

馮諼說：「用不著大家回報，既然孟嘗君連錢都不在乎，又想要大家回報什麼呢？」後來馮諼回去覆命，孟嘗君問他：「你討回來的錢呢？」馮諼回答說：「不但利錢沒討回，借債的債券也燒了。」孟嘗君很不高興，覺得馮諼沒有經過自己的允許就擅自做主把債券燒了，實在是沒有把自己放在眼裏。

馮諼對他說：「您不是要叫我買家中缺少或沒有的東西回來嗎？我已經給您買回來了，這就是『義』。焚券市義，這對您收歸民心是大有好處的啊！」

數年後，孟嘗君被人譖讒，齊相不保，只好回到自己的封地薛邑。薛邑的百姓聽說恩公孟嘗君回來了，傾城出動，夾道歡迎，表示堅決擁護他，跟著他走。孟嘗君深受感動，這時才體會到馮諼的「買義」苦心。對孟嘗君而言，小小損失換取了巨大的利益。

馮諼用那些根本就難以收回的債券，換回了民心，使得孟嘗君年老回歸自己的封地，大受擁戴，不得不說馮諼當初的舉動是很高明的。

時至春秋末年，齊國的國君荒淫無道，橫徵暴斂，逼民無度。齊國的貴族田成子看到這種情況後，對他的僚屬說：「公室用這種榨取的手段，雖然得到了不少財富，但這種取是『取之猶舍也』。倉儲雖實，但國家不固，終是『嫁衣』。」於是田成子製作了大、小兩種鬥，打開自己的倉儲接待饑民，用大斗出借穀米，用小斗回收還來的穀米，以這樣的方式來賑濟災民。

於是，不少齊國人不肯再為公室種田，反而投奔于田成子門下。田成子用這種大斗出小斗進的方式，借出的是糧食，收進的卻是民心。雖然給予了糧食，實則得到了更多的東西。果然，齊國的國君寶座最後為田氏家族所得。那些糧倉的米為田家換得了天下，不可不謂是「大得」！

常言道「吃虧是福」，一輩子不吃虧的人是沒有的。問題在於我們如何看待「吃虧」。人際關係中，無法做到絕對公平，總是要有人承受不公平，要吃虧。倘若人們強求世上任何事物都公平合理，那麼，所有生物連一天都無法生存。而真正肯吃虧的人，往往都是最終的受益者。

第6章

人生何處不銷售？不要忽視無形商品的價值

無論你從事什麼行業，其實每個人都是銷售員。畫家銷售美感、政治家銷售政見、作家銷售故事、發明家銷售發明、男人銷售自己的才華和魄力、女人銷售自己的美麗和學識……人生何處不銷售？正因如此，我們更應該活學活用經濟學常識，不要拘泥於傳統觀念，許多時候，無形商品往往具有更高的價值！

1 奧美原則——服務到位，利潤自來

美國奧美廣告公司提出：服務顧客至上，追求利潤次之。

在商業經營中，有一個極爲重要的理念——「顧客就是上帝」。道理很簡單，在市場經濟條件下，只有顧客買你的帳，你才能賺錢！可是，把「上帝」掛在嘴邊容易，放在心裏和實際行動上就難了。

一九五五年時，商業零售巨頭沃爾瑪還默默無名。到一九七九年，沃爾瑪全年銷售額也才首次達到十億美元。可到了一九九三年，它一周的銷售額就達到了這個數目，二○○一年更是一天就予以完成。沃爾瑪靠出售廉價的零售百貨，愣是在四十年內「打遍天下無敵手」。沃爾瑪的成功，得益於其長期遵從的服務顧客戰略。戰略的核心就是以薄利讓顧客受益，以服務讓顧客滿意。

不管你走進哪裏的沃爾瑪，「天天低價」是最爲醒目的標誌。爲了實現低價，沃爾瑪想盡了招數，其中很重要的一個方法就是大力節省開支，繞開中間商，直接從工廠進貨。統一訂購的商品送到配送中心後，配送中心根據每個分店的需求對商品就地篩選、重新打包。這種類似網路零售商「零庫存」的做法，使沃爾瑪每年都可節省數百萬美元的倉儲費用，實現了薄利多銷。更重要的是，它爲顧客省了錢，帶來了實惠。

除了低價，沃爾瑪另一個引人注目的特點就是良好的服務。從一九六二年到一九九二年退休，沃爾頓引領公司飛速發展的三十年中，格外強調要提供「可能的最佳服務」。爲了實現這一點，沃爾頓編制了一套又一套的管理規則。他曾要求職員做出保證：「當顧客走到距離你十英尺的範圍內時，你要溫和地看著顧客的眼睛，向他打招呼並詢問是否需要幫助。」這有名的「十英尺態度」至今是沃爾瑪職員奉爲圭臬的守則。此外，「太陽下山」原則、「超越顧客的期望」等等，都是沃爾瑪吸引顧客的致勝法寶。

與沃爾瑪小有不同的是，美國另一家零售公司克羅格公司則追求一種與顧客的服務互動。公司的前任總裁約瑟夫•霍爾認爲：對公司發展什麼產品、增加哪些服務、使用什麼銷售手段等問題，最有發言權的就是顧客。以此爲基礎，克羅格公司在所有收銀機旁都設了「顧客投票箱」，顧客可以把自己對克羅格公司的各種意見和建議，如需要哪種商品、哪種商品應該改進、需要什麼服務等投入箱中。與此同時，克羅格公司在每張建議票上都會留下顧客的姓名和聯繫方式。一旦顧客的建議被公司採用，公司就會通知顧客來免費享受該種服務或是商品，並贈送各種消費折扣卡。

投票箱一設置，就受到了顧客的熱烈歡迎。克羅格公司根據顧客的各種建議，不斷地改進自己的產品和服務，使自己的每項服務或產品一出爐就深受歡迎，公司的營業點一下子擴大到了美國的好幾個州。在「投票箱」策略的基礎上，繼任總裁詹姆斯•赫林更是提出了這樣的響亮口號：我們要想生存得更好，就只有像滿足情人的要求那樣來滿足顧客！順理成章，克羅格公司取得了更好的成績。

2 「100-1=0」——好就是全部，不好就是零

一百個顧客中，有九十九個顧客對服務滿意，但只要有一個顧客對其持否定態度，企業的美譽就會立即歸零。

「100-1=0」定律最初來源於一項監獄的職責紀律：不管以前幹得多好，如果在眾多犯人裏逃掉一個，便是永遠的失職。在我們看來，這個紀律似乎過於嚴格了。但從防止罪犯重新危害社會的角度來說，百無一失是極爲必要的！後來，這個規定被管理學家們引入到了企業管理和商品行銷中（包括服務行業），很快就得到了廣泛的應用和流傳。它告訴我們：對顧客而言，服務品質只有好壞之分，不存在較好較差的比較等級。好就是全部，不好就是零。

在服務業領域裏，顧客對服務項目的任何一項不滿意，他們的滿意度不會因此按減法遞減，而是全面否定，因爲他不可能體驗所有的服務項目。在他看來，他體驗的那個項目就代表了所有項目的服務品質。在市場競爭環境條件下，他不會當「回頭客」，再消費這家服務商提供的服務。對這家服務商來說，他的服務收益等於零。

服務工作的整體性以及服務品質的等級不可分，使服務品質的評定難以進行。我們不能按歌壇比賽評委打分那樣，「扣掉一個最高分，去掉一個最低分」，再取平均值。因爲，服務品質的最終評判人是顧客，他們的打分要麼是滿意，要麼是不滿意。企業只有讓所有顧客都滿意，才能達到市場的要求。就像「100-1=0」一樣，只要一百個顧客中有一個不滿意，我們的服務品質就不能說沒有問題。

有一次，一個法國農場主駕駛著一輛賓士貨車從農場出發去德國。一路上涼風習習，路況良好，法國農場主不由哼起了小曲。可是，當車行駛到了一個荒村時，發動機出故障了。農場主又氣又惱，大罵一貫以高品質宣傳自己的賓士騙人。這時，他抱著試一試的心情，用車上的小型發報機向賓士汽車的總部發出了求救信號。

沒想到，幾個小時後，天空就傳來了飛機聲。原來，賓士汽車修理廠的檢修工人在工程師的帶領下，乘飛機來為他提供維修服務。

一下飛機，維修人員的第一句話就說：「對不起，讓您久等了。但現在不需要很久了。」他們一邊安慰農場主，一邊開始了維修工作。不一會兒，車就修好了。

「多少錢？」看見修好了，法國農場主問道。

「我們樂意為您提供免費服務！」工程師回答。

農場主本來以為他們會收取一筆不菲的維修金，聽到這個簡直大吃一驚，「可你們是乘飛機來維修的呀？」

「但是是因為我們的產品出了問題才這樣的。」工程師一臉歉意，「是我們的品質檢驗沒做好，才使您遇到了這些麻煩，我們理應給您提供免費服務的。」

法國農場主很受感動，連連誇讚他們，誇讚賓士公司。後來，賓士公司為這位農場主免費換了一輛嶄新的同類型貨車。

一百多年來，賓士得以永保自已生機的法寶是什麼？是品質，是服務！優質的服務讓賓士跑得更快。正是這種一個都不放過的服務精神，才造就了賓士今天當之無愧的汽車王國的地位。

顧客的購物標準很簡單：誰對我好，誰的服務能讓我滿意，我就買誰的東西。先進的企業早已拋棄了「我賣你買，我說你聽，你不聽我就把聲音說大點，或者你再不聽我就降價求售」的做法。他們在比「誰對顧客更好」。試想當兩家銷售同樣產品的公司，其中一家會讓顧客感動，享受心動、溫馨、周到的服務時，他會去買誰的東西？

3 二五〇定律：善待一個人，你就贏得了兩百五十個人的好感

美國著名推銷員傑拉德提出，每一位顧客身後，大概有兩百五十名親朋好友。如果你贏得了一位顧客的好感，就意味著贏得了兩百五十個人的好感；反之，如果你得罪了一名顧客，也就意味著可能得罪了兩百五十名顧客。

隨著產品同質化時代的到來，服務成了企業和商家取得成功的一個重要因素。服務不好，顧客就不會再上門，而且會讓周圍的人知道這一點。服務好了，顧客不但會自己再次光顧，而且可能會介紹更多的人光顧你的產品。所以，一定程度上說，服務的勝利，就是競爭的勝利。善待每一位顧客，你就點亮了一盞吸引更多顧客的明燈。

麗池．卡爾頓飯店是一家擁有廿八個連鎖分店的豪華飯店，平均房價高達一百五十美元，但這廿八家飯店的入住率仍高達七成，老顧客回住率超過九成。原因是它以傑出的服務聞名於世。

「卡爾頓」的信條是「創造溫暖、輕鬆、優美的環境，提供最好的設施，給予

客人關懷，使客人感到快樂和幸福」，甚至滿足客人沒有表達出來的願望和需要。

卡爾頓飯店為了履行諾言，對服務人員進行極為嚴格的挑選。標準是：「我們只要那些關心別人的人。」為不失去一個客人，他們培訓職員學會悉心照料客人的藝術和要做所有自己能做的事情。全體職員無論誰接到顧客的投訴，都必須負責到底，授權當場解決問題，而不需要請示上級。只要客人不高興，每個職員都可以花兩千美元來平息客人的不滿。

卡爾頓飯店，每位職員都被看做是「最敏感的哨兵、較早的報警系統」。職員們都明確自己在飯店的成功運作中所起的作用。正如一位職員所說：「我們或許住不起這樣的飯店，但是，我們卻能讓住得起的人還想到這兒來住。」卡爾頓飯店的職員也都感到自豪，其他豪華飯店的職員流動率達百分之四十五，卡爾頓飯店卻低於百分之三十。

我們都在爭創名牌，而名牌效應是建立在五百萬用戶的口碑之上的。做好了服務，客戶自然而然會越積越多。要是只顧開發市場，而不顧鞏固老客戶，那你就會喪失自己的根據地，最終會變成孤家寡人。

4 二八原理——只要目標對象夠精準，就成功了一半

很多人都聽過「二八原理」，「二八原理」是「重要的少數」與「瑣碎的多數」的簡稱，這是義大利經濟學家帕累托提出來的。

他認爲：在任何特定的群體中，重要的因數通常只占少數，而不重要的因數則常占多數。因此，只須控制好重要的少數，即能控制全局。反映在數量比例上，大體就是百分之二十比百分之八十。這便是「重要的少數與瑣碎的多數之二八原理」。

二八原理對所有人的一個重要啓示便是：避免將時間浪費在瑣碎的多數問題上，因爲就算你花了百分之八十的時間，你也只能取得百分之二十的成效；你應該將時間花於重要的少數問題上，因爲掌握了這些重要的少數問題，你只花百分之二十的時間，即可取得百分之八十的成效。

儘管我們常說：現在是資訊氾濫的時代，目之所及，廣告幾乎無處不在——電視、報紙、網路、路牌、電梯、餐桌乃至廁所。但是，讓我們仔細想想，你是不是也有搜集資訊吃力的時候——需要的資訊找不到，而無用的資訊一大堆！

所以作爲個體，我們既可以說廣告氾濫，因爲確實太多的廣告與我們無關，同時，我們也可以說自己缺少需要的資訊，尤其當你面臨選擇時，例如你想辦信用卡，但不知道該辦哪家銀行的；想投資股票，但不知道該投資哪家公司的；想買汽車，但不知道該買哪個品牌的。相信每個消費者都有這樣一個心聲——如果能夠把我需要的資訊提供給我，那實在是太美妙了！

吉之島是亞洲最大的零售商，也是贏利能力最強的零售商之一，其市場和客戶調研水準同樣走在同行之前。在深圳的合資公司吉之島友誼百貨開業僅兩個多月的時間裏，就取得了良好的經濟效益。在這兩個多月的時間裏，公司的營業額超出預期六成，而且吉之島在深圳的品牌認知度上升到了百分之九十以上。

吉之島在香港的母公司設有專門的調研部門，在開設深圳合資公司之前，公司進行了兩個階段的調查。第一階段是在開業兩年多前，公司便開始了前期的市場和客戶調研，主要對深圳本地的ＧＤＰ水準、消費群體、消費習慣和當地政策做了詳細調研。第二階段是在一年前，部門對營業場地——深圳中信廣場進行實地考察，其中包括幾個固定時段的行人數量、公車和私家車流量、周邊配套設施狀況、競爭對手分析。

調研的結果令人興奮：首先，深圳是中國最富裕的地區之一，人均ＧＤＰ位居中國之首。儘管沃爾瑪和家樂福已捷足先登，但他們以追求「天天平價」為主要訴求，瞄準的是普通大眾消費群體，以西武為代表的商場則服務於頂級消費者，而中高檔次的消費群體規模龐大，市場前景看好，這是一個市場空白。於是，吉之島將目標顧客定位為中高階層的消費者，並根據他們的需求調整自己的產品和服務。

吉之島開始研究中高層顧客的消費特點——中高層的顧客和普通消費群體有所不同：中高層的顧客在購買商品時，在追求價廉物美的基礎上，也重視商場購物的體驗，部分消費者還注重文化氛圍。為此，吉之島在商場佈局和商品供給上頗下工夫。商場佔據一層近兩萬平方米的面積，寬敞的走廊，高檔的裝修，日本商品占到三成以上，商場內設日本風味餐廳，弘揚日本文化，這些是集團經過調研之後所採取的避免同業之間同質競爭的重要手段。

商場共有八個入口和出口，充分貫徹其「開放式購物」理念、走差異化道路的策略。此外，深圳吉之島所在的中信廣場位於深圳市黃金地段，廣場內有不少世界級品牌，如西武百貨、星巴克咖啡館和必勝客餐廳等，如此完善的品牌配套環境，符合公司瞄準中層階級的定位。這就在購物環境上滿足了目標消費者的需求。

從企業的角度來看，如果能夠知道哪些消費者是自己的目標客戶，通過差異化精準行銷手法，鎖定目標客戶，在狹窄的細分市場上尋求一席之地，不但能形成獨特的領先優勢，而且可以避免企業資源的浪費，獲得較高的投資回報率（ROI），而這正是行銷人士的永恆追求。也就是說，只需將資訊傳遞給產品或服務本身的目標顧客。例如，中高檔傢俱廠商要選擇高檔住宅區的住戶，而且在現場展示的目錄派發中，應選擇比較容易產生購買衝動的中青年女性。

5 青蛙效應——溫水「煮」顧客，讓對方難以招架

溫水「煮」顧客，跟「溫水青蛙」的道理是一樣的。

有人做過這樣一個實驗，將鍋裏盛滿涼水，然後放進去一隻青蛙。青蛙在水中歡快地游啊游啊，絲毫不介意環境的變化。這時，把鍋慢慢加熱，青蛙對一點點變溫的水毫無感覺。慢慢地，溫水變成了熱水，青蛙感到了危險，想要從水中跳出來，但爲時已晚，因爲牠已經快被煮熟了！

青蛙之所以快被煮熟也不跳出來，並不是因爲青蛙本身的遲鈍，事實上，如果將一隻青蛙突然扔進熱水中，青蛙會馬上一躍而起，逃離危險。青蛙對眼前的危險看得一清二楚，但對還沒到來的危機卻置之不理。這就是青蛙法則，經營中，懂得運用這個法則，就能成功操縱顧客，讓他在不知不覺中掏出腰包。

當顧客選購衣服時，精明的售貨員總是不怕麻煩地讓顧客反覆試穿。當顧客將衣服穿

在身上時，他又會不斷地稱讚。顧客頓時笑逐言開，會很高興地買下衣服。當然，顧客形形色色，實際銷售中並非總能如此順利。但只要把握住微笑服務，真誠與顧客溝通，揣摩顧客的心理，替顧客著想，總能打動顧客。

推銷時，售貨員話不用多，但要有份量，這樣才能激起顧客的購買欲。售貨員若想把商品所有的優點都列舉出來會導致不必要的廢話，反而會引起不信任。而且懷疑和猶豫可能出現並反覆發生在顧客購物的各個階段，包括在購物以後，如果售貨員針對其中的一個或幾個說一些有分量的話，那麼會令人信服得多。

如果部分論據尚未充分利用而是讓顧客對產品的優點回家後自己去瞭解，這樣只會改善購物行爲的後效應，而不會產生任何負作用。需要強調的是，「有分量」並非是把話說得絕對、武斷。這種口氣會使得顧客產生心理上的防禦反應，比如，顧客把話說了一半就突然離去，或者不加反駁地聽售貨員說話，然後堅定地拒絕購買。

對顧客的任何一種不同意見都不能置若罔聞。商業論證不僅要證實自己觀點的正確，還要打消對方的疑慮。如果對顧客的不同意見不作答覆，會讓人覺得售貨員對商品故意只做不完整的、有傾向性的介紹。爲避免這一點，對顧客任何一種不同意見都不能置之不理。不能把顧客的不同意見當作是吹毛求疵，不信任。

相反，顧客的不同意見恰恰說明他對商品很關心。這樣的顧客比光聽不說話或者只用一句話來回答問題的顧客好說服得多。不同的意見能反映出顧客的立場，暴露出他的憂慮所在。此時，耐心地解答，剔除其疑慮，生意也就做成了。

另外，在具體的商業用語中，也要用溫情的話語吸引顧客。具體有以下幾個技巧：

(1) **避免命令式，多用請求式**。

命令式的語句是說者單方面的意思，沒有徵求別人的意見，就強迫別人照著做；而請求式的語句，則是以尊重對方的態度，請求別人去做。請求式語句可分成三種說法：肯定句，「請您稍微等一等。」疑問句，「稍微等一下可以嗎？」否定疑問句，「馬上就好了，您不等一下嗎？」一般說來，疑問句比肯定句更能打動人心，尤其是否定疑問句，更能體現出營業員對顧客的尊重。

(2) **少用否定句，多用肯定句**。

肯定句與否定句意義恰好相反，不能隨便亂用，但如果運用得巧妙，肯定句可以代替否定句，而且效果更好。例如，顧客問：「這款有其他的顏色嗎？」營業員回答：「沒有」，這就是否定句，顧客聽了這話，一定會說「那就不買了」，然後轉身離去。如果營業員換個方式回答，顧客可能就會做出不同的反應。比如營業員回答：「真抱歉，這款目前只有黑色的，不過，我覺得高檔產品的顏色都比較深沉，與您氣質、身分、使用環境也相符，您不妨試一試。」這種肯定的回答會使顧客對其他商品產生興趣。

(3) **採用先貶後褒法**。

比較以下兩句話：「太貴了，能打折嗎？」

1.「價錢雖然銷微高了一點，但品質很好。」

2.「品質雖然很好，但價錢銷微高了一點。」這兩句話除了順序顛倒以外，字數、措詞沒有絲毫的變化，卻讓人產生了截然不同的感覺。先看第二句，它的重點放在「價錢」高上，因此，顧客可能會產生兩種感覺：

其一，這商品儘管品質很好，但也不値那麼多。

其二，這位營業員可能小看我，覺得我買不起這麼貴的東西。再分析第一句，它的重點放在「品質好」上，所以顧客就會覺得，正因爲商品品質很好，所以才這麼貴。總結上面的兩句話，就形成了下面的公式：

A.缺點→優點＝優點

B.優點→缺點＝缺點

因此，在向顧客推薦介紹商品時，應該採用A公式，先提商品的缺點，然後再詳細介紹商品的優點，也就是先貶後褒。此方法效果非常好。

(4)言詞生動，語氣委婉。

請看下面三個句子：「這件衣服您穿上很好看。」「這件衣服您穿上很高雅，像貴婦一樣。」「這件衣服您穿上至少年輕十歲。」第一句說得很平常，第二、三句比較生動、形象，顧客聽了即便知道你是在恭維她，心裏也會很高興。

除了語言生動以外，委婉陳詞也很重要。對一些特殊的顧客，要把忌諱的話說得很中聽，讓顧客覺得你是尊重和理解他的。比如對較胖的顧客，不說「胖」而說「豐滿」；對膚色較黑的顧客，不說「黑」而說「膚色較暗」；對想買低檔品的顧客，不要說「這個便宜」，而要說「這個價錢比較適中」。

只有這樣做，才可以溫水「煮」顧客，使對方難以招架。

6 不輕易放棄——越不易攻破的客戶越有可能成交

銷售員如果在工作中遇到一點困難就半途而廢，前面的努力白費了不說，還給競爭對手製造了機會、留下了便利，所以，任何時候都不要輕言放棄，屬於我們的誰也拿不走。

詹森先生是美國阿拉斯加州的金礦大王。有一次，記者去採訪他，當問及詹森先生的「致富的秘訣」時，詹森先生的回答是：「我也不清楚是什麼，如果讓我來說的話，我想也許就是一種運氣吧！」

記者聽了他的回答先是一愣，「運氣？」看到記者的反應，詹森先生微笑著又補充說：

「記得當時，有很多人都來到阿拉斯加尋找金礦，我也是這些淘金者中的普通一員。那是一次很偶然的機會，我像往常一樣出門尋找金礦，來到了一片已經荒廢了的礦區。在那裏，我發現了一把鏽跡斑斑的十字鎬，鎬頭的另一半還插在泥土中。抓住鎬把，我僅僅用力地搖幾下，然後將它拔起，竟然就發現十字鎬頭上黏有許多的金砂，這就是我後來發現的一片含金量極為豐富的礦藏。也就是這片礦藏，令我從一個窮光蛋變成了身價千萬的富翁。」

接著，詹森像是總結似的又強調說：「假如，那個十字鎬的主人，能夠再稍微堅持堅持，揮動一下鎬頭，那麼，如今的金礦大王，或許就是那個人了。所以我說我致富的秘訣或許就是一種運氣，不過，這種運氣卻是來自於一種習慣性的堅持。」

讀了這個故事，大家是不是感想很多呢？永不放棄是銷售員應具備的首要心態。那把鎬的主人因爲失敗而放棄，不但失去了致富的機會，還給競爭對手創造了條件。詹森卻因爲不輕易放棄，最終發現了機遇、獲得了財富。

在銷售過程中，銷售員也要努力培養這種積極進取、永不放棄的心態和精神，並把它展現給客戶，讓客戶信賴你、欣賞你。

(1)**看清事情的本質**。

失敗的銷售員往往是盲目的，他不知道自己的目標是什麼，也不知道用什麼方法才能達到目的。他們只是一味地尋找失敗後的下一個目標，或者承認自己的能力有限，有些成績不該是自己的。要知道：在這個社會上的每個人都要消費，他們都是銷售的對象，不是你的就是別人的。在他沒成爲別人的客戶之前，我們何不努力讓他完全屬於自己呢？

想成功就不要輕易放棄，沒有做就一定不要說自己不行。不管是已經從事銷售多年，還是剛剛踏入銷售的門檻，我們都不能輕易放棄任何一個客戶。要時刻告訴自己：拿破崙也曾打過敗仗，更何況我？我有能力開發市場，有能力留住優質客戶。

(2)**把欲望作為成功的動力**。

有目標才會有方向，有欲望才會有動力。想要獲得銷售的成功，銷售員就要把這種成功的欲望化作前進的動力，激發自己的潛能，努力爲實現目標而奮鬥。

不斷地強化自己內心的夢想。

不被外界的輿論干擾。

不讓自己的不足束縛前行的腳步。

知道自己現在要做什麼。

(3)**把銷售當做一種習慣**。

恆心和毅力是每個銷售員必備的心理素質，而能把銷售當做一種習慣，是我們培養恆心和毅力的最佳方法。大多數銷售員的失敗是因爲做事不能持之以恆導致的，即使你的能力很強，即使你極具銷售的天賦，如果沒有恆心和毅力，也會缺少支撐心理動力的槓桿。把銷售當做一種習慣，我們才會慢慢從工作中找到快樂，產生歸屬感，也才能在日積月累的習慣中獲得更多的經驗和客戶資源。

7 自己人效應——是「自己人」，什麼都好說

所謂「自己人」，是指對方把你與他歸於同一類型的人。「自己人效應」是指對「自己人」所說的話更信賴、更容易接受。

在人際交往中，如果雙方關係良好，一方就更容易接受另一方的某些觀點、立場，甚至對對方提出的爲難要求也不太容易拒絕。這在心理學上叫做「自己人效應」。例如，同樣一個觀點，如果是自己喜歡的人說的，接受起來就比較快和容易。如果是自己討厭的人說的，就可能本能地加以抵制。有道是：「是自己人，什麼都好說；不是自己人，一切按規矩來。」

強化「自己人效應」，從這個角度而言，就是要使他人確認你是他們的「自己人」。

一百多年前，林肯引用一句古老的格言，說過一段頗爲精彩的話，他說，「一滴蜜比一加侖膽汁能夠捕到更多的蒼蠅，人心也是如此。假如你要別人同意你的原則，就先使他相信：你是他的忠實朋友，即『自己人』。用一滴蜜去贏得他的心，你就能使他走在理智的大道上。」

釀成這「自己人」的「一滴蜜」，關鍵還在於你自己——在於你如何把「態度與價值觀的類似性」和「情感上的相悅性」具體化，在於你怎樣從各個方面去廣採可供釀蜜的「花粉」。

第一，**平等觀**。你要想取得對方的信任，就先要同對方縮短距離，與之處於平等地位。人際交往的過程，需要角色互動。你要與他人搞好人際關係，如果動輒就擺出一副居高臨下之勢，以「三娘教子」的態度教訓別人，那就「互動」不起來，更難叫人喜歡你。

在平等觀問題上，我們還要注重交往中的用語問題。這不僅僅是一個形式問題。比如，你在某種人際交往場合講話，如果說「希望諸位朋友獻計獻策」，這就是以領導者的身分居高臨下來說話，而不是平等的態度，是心理上對在座諸位的不尊重。改成「群策群力」或「我們一起商量」，這就承認大家都具有平等地位了。這說明，人際交往中的用語上，也存在一個有無平等觀的問題，一個是否「自己人」的顯現問題。

第二，**要對別人感興趣**。卡內基說過一段發人深省的話：「你要是真心地對別人感興趣，兩個月內你就能比一個光要別人對他感興趣的人兩年內所交的朋友還要多。」紐約電話公司曾經作過有趣的調查：在電話中哪一個詞出現得最多。結果，他們吃驚地發現，在五百個電話談話中，使用了三千九百五十次的字竟是第一人稱的「我」。這說明在「人際市場」中，人們總有一種「想使別人對我感到興趣」的心理趨向。一個有理智的人，應當用「自己人效應」去調節這一心理趨向，使之走向平衡、和諧的狀態。這就是要牢牢記取下面這句平常卻又富有深意的話：要使別人對你感興趣嗎？那你首先要對別人感興趣。

第三，**給人以「可信度」**。所謂「可信度」，是指使他人相信你的言行真僞的程度。在人際交往中，你的話語必須使人感到你說得在行、說得中肯、說得動聽，才能增強資訊傳遞的效力。但在這三者之間，起根本作用的還在於你是否說得中肯。

在影響可信度的因素中，存在著一個「隱藏動機」，即他人對你言行動機的理解。如果他人知道你在人際交往中的言行是出自高尚的目的，就會愈加信服你的言行，相反，如果瞭解到這種言行是爲了個人從中獲得難登大雅之堂的好處，那就會使你給人的可信度大爲降低，於是也就產生不了「自己人效應」。

那麼，如何讓他人相信你是一個公正、客觀而無偏見的人呢？就是說，要通過客觀實踐讓他人瞭解你的主張，你的行動完全是爲了別人，是爲了大眾，是出於高尚的動機，而決不是別有用心、貪圖私利。既然實踐會證明一切，那你在任何時候都不要「老王賣瓜，自賣自誇」，否則反而會使人家不相信你的「瓜」以及你「賣瓜」的動機。在這裏，尤其需要注意的是，對實踐的證明力要有耐性，不要企求「立竿見影」。許多事是要經過長時間的反覆實踐的檢驗，才能顯示其本質的證明力。「路遙知馬力，日久見人心」，就是此意。

即使有暫時的誤會、曲解甚至受冤枉，也大可不必介意。「可信度」還需要你的大肚量。事實上，等到實踐證明了一切，霧散雲消，那時，你的「可信度」不是會更強嗎？人家不是會更熱情地視你爲「自己人」嗎？

第四，**要具備人格魅力**。當其他條件都相等時，一個人越有才華，越有能力，人們就越喜愛他。這可能是因爲人們有一種要使自己正確的需要，如果與他打交道的你是個有能力，有才華的人，他就會感到有利於他做出正確的事而不犯錯誤。因此，你在能力、才華方面如果很突出，又具有魅力，就會產生一種人際吸引力，使他人對你產生欽佩感並欣賞你的才能，願意把你作爲「自己人」而與你接近。這就是「自己人效應」中的「能力吸引」因素。你要強化「自己人效應」，也就不能不重視你的能力、才華的提高。

第五，**優化你的個性品質**。社會心理學家指出，人的內在品質是產生持久吸引力的關鍵，而有些個人的性格特徵則會阻礙人與人之間的吸引，不利於「自己人效應」的產生與發展。人們一般都喜歡真誠、熱情、友好的人，討厭自私、奸詐、冷酷的人。

人們在進行哪種人可以成爲「自己人」的人際選擇時，主要考慮的個性品質因素有這樣幾條：

(1)具有較好的合作性，能謙讓、懂得體諒；

(2)能夠就思想觀點方面的問題敞開討論而不是主觀固執；

(3)思想比較成熟，可以給自己幫助；

(4)熱情坦率，願與別人敞開胸懷溝通；

(5)性格活潑，積極參與各種活動；

(6)考慮問題經常以大局爲重，而不是自私自利；

(7)對自己應完成的工作抱有責任感，能善始善終；

(8)思維活躍，有思想，有創新精神。

8 雙贏使生意越做越大

一筆生意，兩頭贏利，能不能策劃得完美，全憑經營者的智慧。大多數成功商人進行商務往來時，都能通過巧妙的調整來實現雙贏。

在商業經營活動中，成功的企業家不僅追求高產出，而且追求一次或一項投入可以有多次或多項產出。例如，美術商賈尼斯特別注重潛在顧客的開發，尤其是那些念大學的女孩子。這些女孩子即將步入社會，一旦培養出她們對現代美術的興趣，不僅她們會經常光顧，將來她們還會偕同自己的丈夫來購買美術品。

在買賣中把握雙贏的技巧，這不僅是賈尼斯的經商手段，也是大多數企業家慣用的手段，這樣可以使得他們的生意越做越大。爲什麼堅持雙贏的競爭法則能取得如此大的收益呢？

第一，現代社會的企業提倡競爭、鼓勵競爭，但競爭的目的是爲了相互推動、相互促進，共同提高、一起發展。過去，公司爲了賺錢，總想獨霸市場，一心想著擠垮同行。他們在處理與同行的關係上，多是互相詆毀、互相攻擊、互相欺騙。不僅信奉「同行是冤家」，而且堅持「三十六行，行行相妒」。但事實證明，過去那種做法對經商沒有任何益處。

第二，雖然競爭公司間有點像戰場上的「敵手」，但就其本質來說是不一樣的。公司經營的根本目標是爲社會作貢獻，公司的產品是滿足社會需要的，公司賺的錢也被國家、公司和員工三者所用，公司間的競爭手段必須是正當合法的。從這種意義上講，公司之間完全可以相互幫助、支持和諒解，是可以成爲朋友的。

第三，競爭對手在市場上是相通的，不應有冤家路窄之感，而應友善相處，豁然大度。這就好比兩位武德很高的拳師比武，一方面要分出高低勝負，另一方面又要互相學習和關心，勝者不驕，敗者不餒，相互間切磋技藝，共同提升。

在市場競爭中，對手之間爲了自己的生存發展，竭盡全力與對手競爭是很正常的現象。但是，在競爭中一定要運用正當手段。也就是說，只能通過品質、價格、促銷等方式進行正大光明的「擂臺比武」，一決雌雄，切不可用魚目混珠、造謠中傷、暗箭傷人等不正當手段來貶損對手。

9 VIP待遇人人喜歡，要適當地送給「上帝」一些實惠

「Very Important Person」譯成中文就是「高級會員、貴賓」，縮寫爲「VIP」。這是一些商家鑒於競爭激烈而想出的一種經營手段。凡是成爲某個商家VIP會員的人，就可以享受到一些特有的優惠或者折扣，VIP會員還有消費紅利、聯誼活動、免費停車等特殊權利。不僅如此，有時人們辦一張VIP會員卡爲的不是得到更多的實惠，而是一旦成爲哪個商家的VIP會員，會覺得自己特別有面子，可以說VIP已經成爲一種身分和地位的象徵。

人人都有虛榮心，有人說，你有VIP卡，就說明你有消費能力，你是貴人。誰不想成爲貴人呢？現在越來越多的商家爲客戶辦理VIP卡，用打折、積分和優惠等活動來吸引客戶消費，同時給予客戶實惠。VIP卡的形式已經從商場擴展到各種各樣的小商戶，其種類也是多種多樣。據調查，百分之二十三持有VIP卡的人，在辦的時候都是爲了滿足虛榮心，百分之二十六的人是因爲商家推銷而辦理的，還有百分之十五的人是抱著「別人有我不能沒有」的心態辦理VIP卡的。這個調查說明，你的客戶都想得到VIP待

遇，而推銷成功與否，要看你怎樣應對客戶的這種心理。小人物更是有著這種強烈的心理需求。

正所謂客戶就是「上帝」，作爲「上帝」，他們當然希望你能給他們關懷和實惠。不要只把「上帝」放在嘴邊，即使是表面功夫，也不宜表現得太明顯，僅僅在過年過節時給予一些關懷的資訊是遠遠不能滿足他們的需求的，你要適當地送給「上帝」一些實惠才行。心理學上認爲，當人們給予別人好處後，別人心中會有負債感，並且希望能夠通過同一方式或者其他方式償還這份人情。銷售員可以把它運用到銷售工作中，給客戶一點小優惠，當客戶自己的利益得到滿足後，就會毫不猶豫地接受交易。

在一次大型玩具展銷會上，一家玩具公司的展位非常偏僻，參觀者寥寥無幾。公司負責人急中生智，第二天就在展會入口處扔下了一些別致的名片，在名片的背面寫著「持此名片可以在本公司攤位上領取玩具一個」。結果，攤位被包圍得水泄不通，並且這種情況一直持續到展銷會結束，眾多的人氣也爲這家公司帶來了不少生意。

這家公司之所以能取得商業上的成功，就在於他們抓住了人們都只關心自己利益的心理，用給予客戶小優惠的方式爲公司帶來了巨大的商業效益。

第7章

不必拼狠勁，利己不損人——將經濟學運用在辦公室

「優秀」已經是個相對過時的概念，在競爭激烈的職場，連「卓越」都變得岌岌可危。你的學歷高，還有人的學歷比你更高；你的資歷長，還有人的資歷比你更長；你的責任心強，還有人的責任心比你更強；你的銷售業績好，還有人的銷售業績比你更好……此時，我們若能認識並能夠充分利用經濟學知識為企業服務，那麼無論你是老闆，中層還是普通員工，你都可以做到「利己不損人」的資源最大化！

1 走出職場的「內卷化」效應，別讓自己止步不前

在我們的生活當中，經常可以見到這類事情。

甲在一家小有名氣的公司做助理已經五六年了，公司不斷引進新的員工，身邊同事也一個個升遷，而他仍然做著助理，在原地徘徊，每天重複著相同的工作，職業生涯沒有絲毫轉機。

乙，「技工」一做十五年，同輩之人已升任高工和主管，自己卻還只是個普通技工，心境抑鬱。

丙，二十年少時，一部著作名揚四海，被公認前程似錦，然而二十載光陰荏苒，創作水準再不見長，毫無建樹，甚至開始考慮改行……

人們不禁要問：他們為何停止不前？是天賦欠缺，勤奮不夠，還是運氣遲遲沒有垂青？

第7章

不必拼狠勁，利己不損人——將經濟學運用在辦公室

大家知道，爪哇是印尼第四大島，南臨印度洋，北面爪哇海，人口稠密，風光旖旎，首都雅加達即位於此處。作爲世界著名旅遊區，天南海北的遊客紛紛慕名而來。

然而，在二十世紀五〇年代末，一位美國人類文化學家利福德・蓋爾茨在此長居，卻一直無意於如畫風景，而是潛心於當地的水稻生產。刀鐮犁耙，種鋤收割，日復一日，年復一年，爪哇島的原生態農業在維護了一派自然景色的同時，卻長期陷入簡單重複、沒有進步的狀態。蓋爾茨將這種現象冠名爲「內卷化」（involution），隨後這一概念被廣泛引入到政治、經濟之中。

「內卷化」是指一個社會既無突變式的發展，也無漸進式的增長，長期以來，只是在一個層面上自我消耗和自我重複。大到一個社會，小至一個自我，一旦陷入內卷化狀態，即身陷泥沼，無力前進。

分析個人的內卷化情況，根本出發點即在於其態度。人們常說，信念決定命運。如果一個人認爲自己這一生只能如此，那麼命運基本也就不會再有改變，生活就此充滿自怨自艾；如果相信自己還能有一番作爲，並付諸行動，那麼則可能大有收穫。

上面提及的甲乙丙等，都爲現狀不滿，都爲前途鬱悶，可見心氣還在，這時就要分析個人內卷化的另一個重要原因，即個人能力。

一般說來，它包括「專業」和「處世」兩個方面，二者相輔相成。能力爲一個人的立身之本，處世能力可以讓專業能力如虎添翼。若只重專業而不顧人際，將難以找到用武之地；而只重處世卻無一技之長，終究會成爲空中樓閣。只有當兩者結合，個人才華才可以

得到淋漓盡致的發揮。

想想看，在現實生活中，哪個單位的一把手不是業務熟練又同時精於世故呢？如今的社會競爭日益激烈、錯綜複雜，如果你的職業生涯停步不前，那就意味著倒退。內卷化對每一個人的資源消耗都是巨大的，包括時間、精力和意志。因此我們只有充分發揮自我力量，不斷更新自己的觀念，提升自己的能力，才能走出內卷化的泥淖，爲自己的事業開拓出一片新的天地。

2 收入越高的人，薪水漲得越快

對富有的還要再給予，對一無所有的繼續剝奪，即貧者愈貧，富者愈富。

二十世紀六〇年代，知名社會學家莫頓首次提出了「馬太效應」這一概念，用來比喻富的越富、窮的越窮之類的社會現象。環顧四周，你會發現無論是個人發展還是國家、企業間的競爭中，馬太效應無處不在。

爲什麼在人們的思想觀念發生轉變，特別是「平等」觀念已被舉世公認的今天，這一「不平等」現象反而變得變本加厲起來？

第7章

不必拼狠勁，利己不損人──將經濟學運用在辦公室

簡而言之，就是世界已經「變小」了。過去人們的競爭都是局限在一定範圍內的，如一個地區、一個國家或一個大洲之中，競爭場所多卻相互隔絕，所以可以同時並存很多個「贏家」；而今天，飛速發展的科學技術已經把整個世界緊密地聯繫在一起，原有的隔絕被打破了，世界成為唯一的競技場，其結果就是贏家更少，而贏得的戰利品更多。特別是「全球化」的浪潮使原來的貿易壁壘不復存在，一個成功的企業甚至可以在全球擊敗所有對手，成為世界各地人們普遍使用的某種商品的唯一供應。

贏家通吃意味著具有某種優勢的人或組織以自身的優勢資源為依靠，擊敗處於劣勢的對手，從而贏得更多資源，這是一個不斷發展的「滾雪球」過程：你贏了一次，就更加強大，也就有可能一直贏下去，並不斷發展壯大。

我們以兩個國家──阿根廷和美國作為國際經濟中馬太效應的例證。

阿根廷正處於歷史上最嚴重的經濟危機之中，投資的減少使經濟乏力，而經濟不振又引發一連串問題，如失業率上升、通貨膨脹等。人們紛紛湧進銀行提取存款，為了避免發生金融災難，政府只好嚴格限制民眾從銀行提款。然而這一無奈之舉，卻引發了更大的動盪，社會動亂，政權更迭，整個國家在危機中越陷越深。有人評論：如果阿根廷是一家公司，那麼它早該宣布破產了。

而美國早在十幾年前，就已經成了純債務國，至今它所欠的國債已達數萬億以上。相比之下，將阿根廷拖垮的「巨額外債」不過是個小數目而已。美國的金融市場也不是毫無風險的，眾多大企業、大公司涉嫌在財務報表上造假等等就是明證。如果這些事發生在一

個像阿根廷那樣的國家，後果肯定是毀滅性的。然而美國仍然是世界上最受投資者青睞的國家。原因很簡單：美國是個「大」國，人們相信它的經濟實力和發展潛力足以消解種種不良因素的影響。而阿根廷相對而言則是個「小國」，沒有人敢把賭注下在它身上。

在前面對馬太效應的分析和解釋中，你也許注意到了一個概念：資源。這是馬太效應的核心奧秘，或者說，是推動馬太效應的內驅動力。

正如一句古語所說「多財善賈，長袖善舞」，你擁有的資源越多，就越有可能獲得成功，成爲「贏家」。其原因是：更多的資源首先表現爲更強的能力。正如一個本錢越多的人贏的也就越多，即使利率相同，一個本錢超過對手十倍的人，利潤額也會高十倍。況且，佔有更多資源者往往利率更高，他可以通過大規模的生產和銷售降低成本，並以較低的價格吸引更多消費者，在競爭中取得優勢。

擁有豐富的資源還意味著更強的抗風險能力。在經濟社會中，蕭條期是不可避免的。當整個環境不景氣時，中小企業紛紛倒閉，而大公司卻有更多的迴旋餘地，可以通過緊縮開支、裁員等措施熬過「嚴冬」。

最後，正如萬有引力定律所闡明的：品質越大，引力越強。資源豐富者對每個人都更有吸引力：它的員工忠誠度更高，歸屬感和自豪感更強；它的客戶和合作者對它也有更高的認同感。

3 運用替代效應，做個聰明的「經濟型」員工

以色列有一則寓言：

一天，克爾姆城裏的補鞋匠把一個顧客殺了。於是，他被帶上了法庭，法官宣判把他處以絞刑。

判決宣布之後，一個市民站起來大聲說：「尊敬的法官，被你宣判死刑的是城裏的補鞋匠！我們只有這麼一個補鞋匠，如果你把他絞死了，誰來為我們補鞋？」

克爾姆城的市民這時也異口同聲地呼籲。法官贊同地點了點頭，重新進行了判決。

「克爾姆的公民們，」他說，「你們說得對，由於我們只有一個補鞋匠，處死他對大家都不利。城裏有兩個蓋房頂的，就讓他們其中的一個替他去死吧！」

這樣的故事只可能在寓言裏出現，但從這個故事中也能引出一個重要的經濟學概念：替代效應。

替代效應是指由於一種商品價格變動而引起的商品的相對價格發生變動，從而導致消費者在保持效用不變的條件下，對商品需求量的改變。比如，你在市場買水果，看到柳丁降價了，而橘子的價格沒有變化，在降價的柳丁面前，橘子好像變貴了，這樣你往往會多買柳丁而不買橘子了。

替代效應在生活中非常普遍。我們日常的生活用品大多是可以相互替代的。蘿蔔貴了多吃白菜，大米貴了多吃麵條。一般來說，越是難以替代的物品價格越是高昂。比如，產品的技術含量越高，價格就越高，因爲高技術的產品只有高技術才能完成，替代性較低，而饅頭誰都會做，所以價格也低廉。再如藝術品價格昂貴，就是因爲藝術品是一種個性化極強的物品，找不到替代品。王羲之的《蘭亭集序》價值連城，因爲真跡只有一幅。

在我們的工作中，替代效應也在不斷發揮作用。那些有技術、有才能的人在企業裏是搶手貨，老闆見了又是加薪又是笑臉，爲什麼？因爲這個世界上有技術、有才能的人並不是很多，找一個能替代的人更是不容易。而普通員工，企業卻很容易從勞動市場上找到替代的人，你不願意做，想做的人多的是。只要使自己具有不可替代性，待遇自然會提高。

替代效應在人們的日常生活中無處不在，我們要正確認識並學會充分利用它，做一個聰明的經濟人。

沃爾瑪亞洲事務主管有一位私人助理，他是一個善解人意的年輕人，總能第一時間領會主管的意圖，很受主管的倚重。在工作上，每天的日程表、記錄、會議安排，助理都會按照主管的意思妥善安排，讓主管工作得更省心，更高效。

對於主管生活上的小細節，助理也想得十分周到。由於主管健康狀況不佳，他就與主管的私人醫生保持密切聯繫，隨身帶著一些必備的藥品。他還特意瞭解主管的習慣和愛好，安排好主管的飲食起居。

一次，主管出差來到日本東京，一進下榻酒店的房間，驚喜地發現窗簾是自己最喜歡的米黃色，床上則擺著自己平時習慣用的那種枕頭——原來，助理早在兩天前預訂房間時，就已安排好了一切。

有一次，主管委派這位助理到美國去處理一些事務。剛走沒兩天，主管就感到很不習慣，他對一個下屬抱怨說：「他這一走，我就像失去了右手，只能用笨拙的左手來工作，這可真是要命！」最後，在主管的頻頻催促下，助理迅速處理完事務，返回亞洲。

後來，主管因健康的原因辭去了工作。在他的極力推薦下，那位助理接替了他的職位。

「讓上司離不開你」，這是不可替代員工的一個重要標準。在秘書、助理這些職位上，這一點體現得尤爲充分。

作爲一名員工，如果你能爲你的上司鞍前馬後地效勞，成爲他最離不開的人，這同樣會讓你變得不可替代。

對於一個員工來說，儘管學歷、資歷、責任心和業績都非常重要，但僅僅擁有這些還遠遠不夠，你必須儘快盡力儘早地發現和挖掘自己身上的「優勢」，把自己塑造成一個「不可替代」的員工！

4 讓自己變好，又不會使別人變差——實現「帕累托最優」（Pareto Optimality）

喜歡撲克遊戲的人都知道，打好牌需要兩方面的因素：一個是對戰略戰術的理解，與對家的配合，這屬於打牌的技巧；一個是手上所掌握牌的好壞，這屬於打牌的運氣。實際上，只要拿起牌，就意味著自己掌握了一系列的資源。

要在遊戲中體驗到勝利的滋味，就要學會控牌技術，如坐莊時的扣牌，對主牌、副牌的出牌次序的判斷，對每張牌的使用等。對於遊戲者而言，最關鍵的是如何以最高的效率來發揮自己所掌握的資源。

在《西遊記》中，唐僧、孫悟空、豬八戒和沙和尚師徒四人一起去西天取經，那裏被稱作西方極樂世界，是一方「淨土」之中的「淨土」，一切眾生都心嚮往之，希望在那個大同世界裏得到解脫。在那裏，社會公平公正，人人都得到圓滿。《西遊記》對西方世界的描述正是突出表達了這樣一個觀點：眾生平等。

在經濟學裏，也早就有關於類似「理想」社會的研究。但是，與神話不同之處在於，經濟學家是非常務實的，他們明白社會資源的有限性，因此，更爲注重在資源使用時的公平與效率。在衡量優劣時將「效率」與「公平」結合起來，便產生了「帕累托最優」這樣一個概念。

「帕累托最優」是資源分配的一種狀態，指在不使任何人的境況變壞的情況下，不可能再讓某些人的處境變好的狀態。「帕累托最優」只是各種理想態標準中的「最低標準」。也就是說，一種狀態如果尚未達到「帕累托最優」，那麼它一定不是最理想的，因爲還存在改進的餘地，可以在不損害任何人的前提下使某一些人的福利得到提高。但是，一種達到了「帕累托最優」的狀態也並不一定真的很理想。

通俗地講，「帕累托最優」是指一個人已經處於這樣一種極限狀態：除非損害別人，否則就不能讓自己變得更好。由此可以看出，「帕累托最優」是公平與效率的「理想王國」。這個概念是以義大利經濟學家維弗雷多．帕累托的名字命名的，現在，「帕累托最優」已經成爲評價經濟制度和政治方針優劣的重要標準。

與「帕累托最優」相適應的，是「帕累托改進」。它是指在沒有使任何人處境變壞的前提下，使得至少一個人的處境能變得更好。要注意，「帕累托最優」指的是一種狀態，「帕累托改進」指的則是一種變化。

試舉一例。球迷們去體育場觀看一場精彩的足球比賽，球場能坐五萬人。假如在比賽開場前，坐到了四萬九千人，那麼，體育場在此時還沒有處在「帕累托最優」的狀態，因爲如果再進入一千名球迷，他們也可以看到比賽，即「他們的處境會變得更好」，這個增加球迷的過程就是「帕累托改進」。

但是如果已經坐滿了五萬人，如果再進入一千名甚至更多的球迷，這些新增加的球迷可能會因爲看到球賽而使「自己的處境變好」，但對於那原有的五萬名觀衆來說，處境卻會變差，原因很簡單，超過規定人數，安全性就受到損害了。

同樣的情況也適用於長途汽車。在沒有滿員的情況下，可以再上乘客，以達到「帕累托最優」，但是滿員後再超載，全體乘客的安全就會受到影響。

上面提到，「帕累托改進」的特點是自己變好，同時又不使他人變差。正是由於「帕累托改進」沒有損害到他人的利益，其行爲所遇到的阻力往往很小。企業管理者要學會利用「帕累托改進」服務於企業和員工，實現資源的最大優化組合。

在經濟學上，「帕累托最優」無疑是一顆閃爍著迷人光澤的寶石。它包含著自由平等的精神、公平公正的道德訴求以及對優劣進行評價的效率標準。在這種狀態下，每個人均不會爲了自己的利益而損及他人，最終將實現社會的充分富裕。由此看來，「帕累托最優」確實令人神往。

一般來說，達到「帕累托最優」時，會同時滿足以下三個條件：

(1)交換最優：即使再交易，個人也不能從中得到更大的利益。此時對任意兩個消費者來說，任意兩種商品的邊際替代率是相同的，且兩個消費者的效用同時得到最大化。

（2）生產最優：這個經濟體必須在自己的生產可能性邊界上。此時對任意兩個生產不同產品的生產者，需要投入的兩種生產要素的邊際技術替代率是相同的，且兩個生產者的產量同時得到最大化。

（3）產品混合最優：經濟體產出產品的組合必須反映消費者的偏好。此時任意兩種商品之間的邊際替代率必須與任何生產者在這兩種商品之間的邊際產品轉換率相同。

但是需要指出的是，在經濟學上，「帕累托最優」描述的是一種過於理想化的狀態，在現實的經濟生活中比較難以達到。

「帕累托改進」又存在著一個很嚴格的條件，即不允許任何人的利益受到損害，這在當前的現實生活中往往難以滿足。於是，經濟學家們設立了另一個寬鬆一些的標準。它的特點是，如果在一種變革中，受益者所得到的利益足以彌補受損失者的損失，那麼這種變革就是「卡爾多—希克斯改進」。它是以一種長期發展的眼光來看待經濟變化的，要求的是一項經濟政策能夠從長期提高全社會的生產效率。雖然它可能會在短期內使得某些人受損，但經過較長時間後，所有人的境況都會由於社會生產率的提高而獲得補償。應該說，現在的很多改革都是卡爾多—希克斯改進。

「讓自己變好，又不會使別人變差」，這是人們追求的理想狀態。事實上，在現實生活中，「帕累托最優」理論都在指導著我們前進的方向，我們的生活就是向「帕累托最優」努力拼搏的一個過程。

5 蘑菇原理，同羽化成蝶息息相關

很多職場新人都有這樣的經歷：本以爲埋頭苦學十幾年，終有一日可以大展身手，卻發現自己被分配到不受重視的部門，被安排做打雜跑腿的工作；得不到必要的指導和提攜；像「蘑菇」一樣，在「陰暗」的角落裏自生自滅；經常還會遭受無端的批評、指責，代人受過。因此他們怨天尤人，覺得生活對自己太不公平，甚至還有人乾脆放棄了當初千挑萬選的工作。

新人往往會覺得這是企業對自己的歧視，然而事實並非如此。

蘑菇原理這一說法來自二十世紀七〇年代一批年輕的電腦程式師的創意。由於當時許多年輕人不理解他們的工作，持懷疑和輕視的態度，所以年輕的電腦程式師就經常自嘲「像蘑菇一樣的生活」。

蘑菇原理是許多組織對待初出茅廬者的一種管理方法。初學者被置於陰暗的角落，比如不受重視的部門，或讓他們幹些打雜跑腿的工作；經常被領導無端批評，甚至會代人受過；任其自生自滅，得不到領導的指導和提攜……這段毫無光彩的「蘑菇期」對企業和個人都大有好處，可以使企業和新員工之間進行最大限度的磨合和適應。當一個默默無聞的「蘑菇」，是絕大多數職場新人走向成熟的必經之路。

對員工來說，一些簡單的、沒有技術含量的基礎工作，是瞭解企業的生產經營狀況和客戶的基礎。對企業來說，管理者可以從一件小事、一個細節中發掘人才，充分發揮他們的優勢，更有利於促進企業的發展、壯大。

積極認真的工作態度，是你脫穎而出的先決條件。認真對待你所從事的工作，不放過任何雞毛蒜皮的小事和看似微不足道的細節，竭盡所能把它們做到最好，爲你的發展之路奠定堅實的基礎。

要想改變環境，就要先適應環境，知己知彼才能百戰百勝。對職場新人來說，進入一個並不滿意的公司，被安排到一個毫不起眼的崗位，做著無聊的工作時，適應環境是第一要務。能很快適應並融入環境的人，才能更好地完成自己的工作，反之，只會將自己置於痛苦的深淵。從這個角度來說，「蘑菇期」對新人至關重要，直接決定了他日後的工作，甚至一生。

低調做人能讓你得到更多的關注。年輕人在做完工作、取得成績後，總是渴望得到上司和同事的讚賞。但是，並不是你的每一點成績都會引起別人的注意，並且這也不能完全證明你的真實水準。只有腳踏實地做事，取得更大的成績時，才能一舉成名，成爲上司和同事關注的焦點。

「蘑菇期」不僅是對一個人專業知識的考量，還對一個人的職業道德、耐心、毅力等

多方面能力提出了更高的要求。這時，很多年輕人選擇逃避，但這解決不了任何問題。就算你僥倖繞過了這個難關，還會遇到千萬個相似的難關，你總不能當一輩子的「逃兵」吧？

鎖定一個目標，然後持之以恆地努力，只有這樣才能幫助你更快地度過「蘑菇期」。厚積薄發，方能遊刃有餘。只有在這個艱難的過程中不斷積累寶貴經驗，提高自己的工作能力和個人素質，才能爲自己鍛造出更強的競爭力，走上通往成功的道路。

6 吉格定理——沒有任何才能不需要後天的鍛煉

除了生命本身，沒有任何才能不需要後天的鍛煉。

美國培訓專家吉格·吉格勒指出：「沒有人能只依靠天分成功。上帝給予了天分，勤奮將天分變爲天才。」

中國近代史上的風雲人物曾國藩建立了自己的不朽功業，但他的天賦卻不高。

在取得功名之前，有一天曾國藩在家讀書，一篇文章重複不知道多少遍了，還是背不下來。這時候他家來了一個小偷，潛伏在他家的屋簷下，希望等曾國藩睡覺之後再行動。

可是等啊等，就是不見他睡覺，還是翻來覆去地讀那篇文章。小偷大怒，跳下梁來說：「這種水準還讀什麼書？」然後將那文章背誦一遍，揚長而去！

小偷是很聰明，至少比曾先生要聰明，但是他只能成爲小偷，而曾國藩經過自己的勤奮苦讀，成就了自己在中國歷史上的豐功偉業。那小偷的記憶力真好，聽過幾遍的文章都能背下來，而且很勇敢，見別人不睡覺居然也敢跳出來發怒。可惜，他的天賦沒有加上勤奮，所以惘然無所得。偉大的成功和辛勤的勞動是成正比的，有一分付出才會有一分收穫，日積月累，從少到多，奇蹟也可以創造出來。

對一個人來說，才能的養成需要後天的勤奮學習。對一個企業來說，它的競爭力和優勢同樣在於不斷地學習。通用電氣公司（GE）能成長爲一家世界頂級企業，靠的就是不斷地學習，不斷地以全球公司爲師。

在韋爾奇執掌GE的二十年裏，GE的發展達到了很高的高度，但韋爾奇卻一直強調GE是一個無邊界的學習型組織，一直堅持以全球的公司爲師。他經常強調說：

「很多年前，豐田公司教我們學會了資產管理；摩托羅拉推動了我們學習六西格瑪管理（Six Sigma）；思科和Trioloy幫助我們學會了數位化。這樣，世界上商業精華和管理才智就都在我們手中，而且，面對未來，我們也要這樣不斷追尋世界上最新最好的東西，爲我所用。」

GE之所以能成爲赫赫有名的「經理人搖籃」、「商界的西點軍校」，甚至超過三分之一的CEO都是從這家公司中走出，除了嚴格的人才淘汰體制，最重要的就是這種無邊界的學習型組織體制。在這樣的組織下，每一個經理人無時無刻不在自覺地精心雕刻自己，從專業知識到職業技能，從管理手段到說話方式，從畫好一張表格到接好一個電話、寫好一個電子郵件，到日常生活的一點一滴，目的是隨時能夠接受更高的挑戰。

正是因爲堅持不斷的學習，才使GE能以最好的姿態和實力去迎接市場的挑戰，從而創下了連續二十年盈利的輝煌。韋爾奇的這些管理原則，不但使GE成爲強大而備受尊敬的公司，也爲管理界留下了很好的典範。

7 奧格威法則——善於用人，才能成就偉業

奧格威法則來源於這樣的一個故事：

奧美廣告公司的創始人奧格威在一次董事會時，在每位與會者的桌上都放了一

個玩具娃娃。「大家都打開看看吧，那就是你們自己！」奧格威說。

董事們很吃驚，疑惑地打開了眼前的玩具包裝，展現在眼前的是一個更小的同類型玩具。接下來還是如此。

當他們打開最後一層時，發現了玩具娃娃身上有一張紙條，那是奧格威留給他們的：你要是永遠都只任用比自己水準差的人，那麼我們的公司就會淪為侏儒；你要是敢於啟用比自己水準高的人，我們就會成長為巨人公司！

奧格威法則強調的是人才的重要性。一個好的公司固然是因爲它有好的產品，有好的硬體設施，有雄厚的財力作爲支撐，但最重要的還是要有優秀的人才。光有財、物，並不能帶來任何新的變化，只有具有大批的優秀人才才是最重要、最根本的。

美國的鋼鐵大王卡內基的墓碑上刻著：「一位知道選用比他本人能力更強的人來爲他工作的人安息在這裏。」卡內基之所以成爲鋼鐵大王，並非單單因爲他本人有什麼了不起的能力，而是因爲他敢用比自己強的人，能看到並發揮他們的長處。

齊瓦勃本來只是卡內基鋼鐵公司下屬布拉德鋼鐵廠的一位工程師，卡內基在知道了齊瓦勃有超人的工作熱情和傑出的管理才能後，馬上提拔他當上了布拉德鋼鐵廠的廠長。正因爲有了齊瓦勃管理下的這個工廠，卡內基才敢說：「什麼時候我想佔領市場，市場就是我的。因爲我能造出又便宜又好的鋼材。」幾年後，表現出眾的齊瓦勃又被卡內基任命爲鋼鐵公司的董事長，成爲了卡內基鋼鐵公司的靈魂人物。

齊瓦勃擔任董事長的第七年，當時控制著美國鐵路命脈的大財閥摩根，提出與卡內基聯合經營鋼鐵。一天，卡內基遞給齊瓦勃一份清單說：「按上面的條件，你去與摩根談聯合的事宜。」齊瓦勃接過來看了看，對卡內基說：「你有最後的決定權，但我想告訴你，按這些條件去談，摩根肯定樂於接受，但你將損失一大筆錢。看來你對這件事沒有我調查得詳細。」經過分析，卡內基承認自己過高地估計了摩根，於是全權委託齊瓦勃與摩根談判，終於取得了對卡內基有絕對優勢的聯合條件。

卡內基曾說過：「把我的廠房、機器、資金全部拿走，只要留下我的人，四年以後又是一個鋼鐵大王。」靠什麼，靠用人！到二十世紀初，卡內基鋼鐵公司已成爲世界上最大的鋼鐵企業。它擁有兩萬多員工以及世界上最先進的設備，它的年產量超過了英國全國的鋼鐵產量，它的年收益額達四千萬美元。卡內基是公司最大的股東，但他並不擔任董事長、總經理之類的職務。他的成功在很大程度上取決於他任用了一批懂技術、懂管理的人才。

華爾街的大富豪P・摩根也是一位敢用強過自己的人作爲左膀右臂的典範。

比摩根小十歲的薩繆爾・斯賓塞是個土生土長的南方美國人，十分精明強幹。大學畢業後，斯賓塞進入巴爾的摩—俄亥俄鐵路。由於他非凡的才能，立即擔任了總裁室的特別助理，此後平步青雲，不久，便被提升為副總裁。恰巧此時，這條鐵路由於赤字瀕臨破產，斯賓塞受命負責使這條鐵路起死回生，他的卓越管理才能在這一過程中得到了最充分的發揮。

很快，作為公司財產主要接管人的摩根就發現了斯賓塞在經營與管理方面的過人之處，他覺得斯賓塞在某些方面甚至超過了自己。對於求才若渴的摩根來說，最大愛好便是發現人才、任用人才，因此他絕不會錯失任何一個人才。由於很欣賞斯賓塞的才華，摩根擢升他為總裁，而斯賓塞也沒有辜負摩根的一番期望，順利地負責償還了八百萬美元的債務。因此，更加受摩根的器重，最終成為了摩根的左膀右臂之一。

若想使公司充滿生機活力，需要選賢任能，雇請一流人才，而不能武大郎開店，害怕對方超過自己。其實，敢用比自己強的能人不僅是一個肚量問題，也是一個信心與能力的問題。楚漢相爭中，不會打仗的劉邦能得天下，是因爲他有張良的謀略，蕭何的內助，韓信的善戰；賣草鞋的劉備能在三國鼎立中獨佔一席，是因爲三顧茅廬請得諸葛亮出山相助。對一個企業領導者來說，即使不是一流人才，只要能知人善任，企業就不愁發展壯大。

8 彌補自身的「短板」，消除限制自身發展的不利因素

眾所周知，一隻木桶盛水的多少，並不取決於桶壁上最高的那塊木板，而是取決於桶壁上最短的那塊木板。人們把這一規律總結成爲「木桶定律」或「木桶理論」。

根據這一核心內容，「木桶定律」還有三個推論：

其一，只有當木桶壁上的所有木板都足夠高時，木桶才能盛滿水；只要這個木桶裏有一塊木板不夠高度，木桶裏的水就不可能是滿的；其二，比最低木板高的所有木板的高出部分都是沒有意義的，高得越多，浪費就越大；其三，要想提高木桶的容量，應該設法加高最低木板的高度，這是最有效也是唯一的途徑。與木桶定律相似的還有一個鏈條定律：一根鏈條最薄弱的環節和其他環節一樣承受著相同的強度，那麼鏈條越長，就越薄弱。

木桶定律適合於所有的組織和個人。對一個組織來說，構成組織的各個部分往往是參差不齊的。「最短的木板」與「最弱的環節」都是組織中有用的一部分，只不過比其他部分稍差一些，你不能把它們當成爛蘋果扔掉。然而正是這些薄弱環節使組織的許多資源閒置甚至浪費，發揮不了應有的作用，嚴重地影響並制約著組織的發展。爲了發揮組織這個系統的整體作用，釋放出它的潛力，就必須彌補組織的薄弱環節，想方設法讓短板子達到長板子的高度，或者讓所有的板子維持「足夠高」的相等高度，使組織能夠釋放出潛在的能量，在市場競爭中處於不敗之地。

對個人來說也是如此，制約個人發展的往往就是那麼一兩個方面，如個人的職業習慣、生活習慣。細節決定成敗，習慣決定命運，每個人身上都有「短板」。爲了能夠獲得更高層次的發展，就必須克服不良習慣，彌補自己的薄弱環節，掌握完整的知識結構，培養各方面的能力。只有這樣，才可以使自己在以後的道路上走得更遠。

爲了使組織或個人無懈可擊，就必須彌補自身的「短板」，消除那些限制自身發展的因素。這裏，介紹幾種方法以供大家參考：

(1)獲取必要的知識和技能；
(2)讓自己變得不可替代；
(3)迅速提高職業競爭力；
(4)對員工進行必要的培訓；
(5)給下屬創造成長的機會；
(6)開發非明星員工；
(7)打造超級團隊；
(8)培訓自己的合作夥伴。

在木桶理論的經典論述中，強調了補齊短板的重要性。但是，我們中國企業執行起來往往理解成「削長補短」，這樣就導致削足適履問題的出現。有很多企業間的併購或者企業內部部門之間的合併往往並沒有產生預想的效果，反而導致原有優勢的喪失，就是沒有準確把握木桶定律的精髓所致。

木桶定律可以啓發我們對構成系統的各個要素的思考，如一個生產流程、一種商業運作模式、一個組織系統中的各個要素。因此，在管理過程中要下功夫狠抓公司的薄弱環節，否則，公司的整體工作就會受到影響。人們常說「取長補短」，即取長的目的是爲了補短，只取長而不補短，就很難發揮整體效應。倘若把企業的某個團隊比作一個木桶，那麼這個團隊的每位員工就是組成這個木桶的某塊木板。

在一個團隊裏，決定這個團隊戰鬥力強弱的也許不是那個能力最強、表現最好的人，而恰恰是那個能力最弱、表現最差的落後者。因爲「最短的木板」在對「最長的木板」起著限制和制約作用，決定了這個團隊的戰鬥力，影響了這個團隊的綜合實力。團隊要想成爲一個結實耐用的木桶，首先要想方設法增高短板子的長度（均衡）。只有讓所有的板子都維持「足夠高」的高度，才能充分體現團隊精神，完全發揮團隊作用。在這個充滿競爭的時代，只要團隊裏有一個員工的能力低弱，就足以影響整個團隊達成預期的目標。

企業要想提高每一個員工的競爭力，並將他們的力量有效地凝聚起來，最好的辦法就是對員工進行教育和培訓。加強對每一個員工的教育與培訓，是一個企業成爲一個結實耐用的木桶所不容忽視的環節。

9 刺蝟理論——親密要有間

刺蝟在天冷時彼此靠近取暖，但會保持一定距離，以免互相刺傷。

「刺蝟」理論說的是這樣一個故事：兩隻困倦的刺蝟，由於寒冷而擁在一起。可因爲各自身上都長著刺，刺得對方怎麼也睡不舒服。於是牠們分開了一段距離，但又冷得受不了。於是再次湊到一起。幾經折騰，兩隻刺蝟終於找到了一個合適的距離：既能互相取暖又不至於被對方刺傷。

刺蝟理論強調的就是人際交往中的「心理距離效應」。運用到管理實踐中，就是領導者如要想搞好工作，應該與下屬保持親密關係，但這是「親密有間」的關係，是一種不遠不近的恰當合作關係。與下屬保持心理距離，可以避免下屬的防備和緊張，也可以減少下屬對自己的恭維、奉承、送禮、行賄等行爲，還可以防止與下屬稱兄道弟、吃喝不分。這樣做既能夠得到下屬的尊重，又能保證在工作中不喪失原則。一個優秀的領導者和管理者，要做到「疏者密之，密者疏之」，這才是成功之道。

法國總統戴高樂就是一個很會運用刺蝟理論的人。他有一個座右銘：「保持一定的距離！」這深刻地影響了他和顧問、智囊和參謀們的關係。在他十多年的總統生涯中，他的秘書處、辦公廳和私人參謀部等顧問和智囊機構，沒有什麼人的工作年限能超過兩年以上。他對新上任的辦公廳主任總是這樣說：「我使用你兩年，正如人們不能以參謀部的工作作為自己的職業，你也不能以辦公廳主任作為自己的職業。」這就是戴高樂的規定。

這一規定出於兩方面原因：一是在他看來，調動是正常的，而固定是不正常的。這是受部隊做法的影響，因為軍隊是流動的，不會始終固定在一個地方。二是他不想讓「這些人」變成他「離不開的人」。這表明戴高樂是個主要靠自己的思維和決斷而生存的領袖，他不容許身邊有永遠離不開的人。只有調動，才能更好地保持一定距離，而惟有保持一定的距離，才能保證顧問和參謀的思維、決斷具有新鮮感和充滿朝氣，也就可以杜絕年長日久的顧問和參謀們利用總統及政府的名義營私舞弊。

戴高樂的做法值得我們深思和敬佩。沒有距離感，領導決策過分依賴秘書或某幾個人，很容易使智囊人員干政，進而假借領導名義，謀一己之私利，最後拉領導幹部下水，後果是很嚴重的。兩相比較，還是保持一定距離的好。

旅館大王希爾頓為自己的王國創下了一條原則：最低的收費，最佳的服務。在提倡最佳的服務的原則時，希爾頓要求飯店的所有職員，包括各層次的管理者一定要做到和氣爲貴，顧客至上。希爾頓強調，誰違反了這一規定，誰就要受到嚴厲的懲罰。

有一次，希爾頓飯店一位經理在爲客戶提供服務時，與顧客發生了爭執，最後居然還大吵了起來，造成了很壞的影響。這件事被報告給希爾頓後，希爾頓馬上找來了這位經理，很嚴厲地對他說：「你違背了我的原則，所以你必須離開！」

這位經理在平時有很強的業務能力，爲飯店作了不小的貢獻。但希爾頓並沒有因爲這點就姑息他，因爲他觸犯的是與公司生存息息相關的經營理念原則。正是因爲在對待「和氣爲貴，顧客至上」原則上的這種堅持，才使希爾頓飯店保持了對消費者的持久吸引力。

由於這種理念事關公司的基本原則，希爾頓飯店的每個員工都一直自覺堅持著這個原則。做到這一點，與希爾頓在原則問題上的嚴格要求是分不開的。

其實，在平時的工作中，希爾頓並不是板著面孔的，他很注重與員工們的交流，關心他們的生活，與員工的關係也十分融洽。但在原則問題上，他是絕不含糊的。這一點與通用電氣公司的前總裁斯通倒很相像。斯通在工作中就很注意身體力行刺蝟理論，尤其在對待中高層管理者上更是如此。在工作場合和待遇問題上，斯通從不吝嗇對管理者們的關愛，但在工餘時間，他從不邀請管理人員到家做客，也從不接受他們的邀約。正是這種保持適度距離的管理，使得通用的各項業務能夠芝麻開花節節高。

10 鯰魚效應——生機在於競爭

鯰魚效應來源於這樣一個故事：

挪威人愛吃沙丁魚，不少漁民都以捕撈沙丁魚為生。因為沙丁魚只有活魚才鮮嫩可口，所以漁民出海捕撈到的沙丁魚，如果抵港時仍活著，賣價要比死魚高出許多倍。但由於沙丁魚不愛動，捕上來不一會兒就會死去。怎麼辦呢？

一次偶然的機會，一個漁民誤將一條鯰魚掉進了裝沙丁魚的魚艙裏。當他回到岸邊打開船艙時，驚奇地發現以前都會死的沙丁魚竟然都活蹦亂跳地活著。漁夫恍然大悟，這是先前掉進去的鯰魚的功勞。

原來鯰魚進入魚艙後由於環境陌生，自然會四處游動，到處挑起摩擦。而沙丁魚呢，則因發現異己分子而緊張得四處逃竄，把整艙魚攪得上下浮動，也使水面不斷波動，從而氧氣充分。如此這般，就保證了沙丁魚被活蹦亂跳地運進了漁港。

後來，漁夫受到啟發，每次都會在沙丁魚的魚艙中放幾條鯰魚，這樣每次都能把魚鮮活地運回海岸。漁夫的這種做法後來被管理者們總結成了「鯰魚效應」，並將其作為一種競爭機制而引入人力資源管理中。

在自然界中，「鯰魚效應」十分常見。科學家曾觀察過大自然中的鹿群，他們發現，如果一個鹿群的活動區域裏沒有狼等天敵，牠們缺少危機感，不再奔跑，身體素質就會下降，這個鹿群的整體繁衍就會大受影響。在我們的生活中也常有這種現象，缺乏競爭的組織，其生命力遠遠不如在激烈競爭中磨練的組織。

如果一個組織內部缺乏活力，效率低下，那麼不妨引入一些鯰魚來，讓它攪渾平靜的水面，讓「沙丁魚」們都動起來。「鯰魚效應」在組織人力資源管理上的有效運用，往往會帶來出乎意料的效果。

本田汽車公司的總裁本田宗一郎就曾面臨這樣一個問題：公司裏東遊西蕩、人浮於事的員工太多，嚴重拖住企業的後腿。可是把他們全部開除也不妥當，一方面會受到工會方面的壓力，另一方面企業也會蒙受損失。這讓他大傷腦筋。他的得力助手、副總裁宮澤就給他講了沙丁魚的故事。

本田聽完了宮澤的故事，豁然開朗，連聲稱讚：這是個好辦法。宮澤最後補充說：「其實人也一樣。一個公司如果人員長期固定不變，就會缺乏新鮮感和活力，容易養成惰性，缺乏競爭力，只有外有壓力，內有競爭氣氛，員工才會有緊迫感，才能激發進取心，企業才有活力。」本田深表贊同，他決定去找一些外來的「鯰魚」加入公司的員工隊伍，以製造一種緊張氣氛，發揮出「鯰魚效應」。

說到做到，本田馬上著手進行人事方面的改革。特別是銷售部經理的觀念離公司的精神相距太遠，而且他的守舊思想已經嚴重影響了他的下屬，因此，必須找一條「鯰魚」來，儘早打破銷售部只懂得維持現狀的沉悶氣氛，否則公司的發展將會受到嚴重影響。

經過周密的計畫和努力，終於把松和公司的銷售部副經理，年僅三十五歲的武太郎挖了過來。武太郎接任本田公司銷售部經理後，首先制定了本田公司的行銷法則，對原有市場進行分類研究，制定了開拓新市場的詳細計畫和明確的獎懲辦法，並對銷售部的組織結構進行了調整，使其更符合現代市場的要求。

上任一段時間後，武太郎憑著自己豐富的市場行銷經驗和過人的學識，以及驚人的毅力和工作熱情，受到了銷售部全體員工的好評，員工的工作熱情被極大地調動起來，活力大為增強。公司的銷售出現了轉機，月銷售額直線上升，公司在歐美及亞洲市場的知名度也不斷提高。

本田深為自己有效地利用「鯰魚效應」的作用而得意。從此，本田公司每年都重點從外部「中途聘用」一些精幹俐落、思維敏捷的三十歲左右的生力軍，有時甚至聘請常務董事一級的「大鯰魚」，這樣一來，公司上下的「沙丁魚」都有了觸電式的感覺。

當壓力存在時，爲了更好地生存發展下去，承受壓力的人必然會比其他人更爲用功，而越用功，跑得就越快。適當的競爭猶如催化劑，可以最大限度地激發人們體內的潛力。「鯰魚」雖然人數不多，卻是強勢團體，其能量不亞於愛國者導彈。當鯰魚效應作爲一種管理手段引入到人力資源管理上時，對鯰魚的領導藝術如何，即把握對鯰魚管理的分寸，將成爲鯰魚效應能否充分發揮作用的關鍵。管理過緊，會限制鯰魚的活動能力，起不到鯰魚的作用；管理過鬆，則會導致自由主義氾濫。水能載舟亦能覆舟，稍微處理不當，就會引起組織內部矛盾重重，嚴重影響組織的正常運行，所以，在運用上，領導者還要頗費思量才行。

11 南風法則——溫暖勝於嚴寒，得人心才能得天下

北風和南風比威力，看誰能把行人身上的大衣脫掉。北風首先來了一個冷風凜冽寒冷刺骨，結果行人爲了抵禦北風的侵襲，便把大衣裹得緊緊的。南風則徐徐吹動，頓時風和日麗，行人因爲覺得春暖上身，始而解開紐扣，繼而脫掉大衣，南風獲得了勝利。

「南風」法則也叫做「溫暖」法則，它來源於法國作家拉・封丹寫的這則寓言。它告訴我們：溫暖勝於嚴寒。運用到管理實踐中，南風法則要求管理者要尊重和關心下屬，時刻以下屬爲本，多點「人情味」，多注意解決下屬日常生活中的實際困難，使下屬真正感受到管理者給予的溫暖。這樣，下屬出於感激，就會更加努力積極地爲企業工作，維護企業利益。

在南風法則的使用上，日本企業的做法最爲引人關注。在日本，幾乎所有的公司都很注重人情味和感情的投入，給予員工家庭般的情感撫慰。

在《日本工業的秘密》一書中，作者總結日本企業高經濟效益的原因時指出，日本的企業仿佛就是一個大家庭，是一個娛樂場所。這也正是日本企業所追求的境界。

日本著名企業家島川三部曾自豪地說，我經營管理的最大本領就是把工作家庭化和娛樂化。索尼公司董事長盛田昭夫也說：「一個日本公司最主要的使命，是培養它同雇員之間的關係，在公司創造一種家庭式情感，即經理人員和所有雇員同甘苦、共命運的情感。」

日本企業內部管理制度非常嚴格，但日本企業家深諳剛柔相濟的道理。他們在嚴格執行管理制度的同時，又會最大限度地尊重員工、善待員工、關心體貼員工的生活。如記住員工的生日，關心他們的婚喪嫁娶，促進他們成長和人格完善。這種撫慰不僅針對員工本人，有時還惠及員工的家屬，使家屬也感受到企業這個大家庭的溫暖。此外，日本大企業普遍實行內部福利制，讓員工享受盡可能多的福利和服務，使其感受到企業對家庭所給予的溫情和照顧。在日本員工看來，企業不僅是靠勞動領取工資的場所，還是滿足自己各種需要的溫暖大家庭。企業和員工結成的不僅僅是利益共同體，還是情感共同體。正是通過這種方式，日本公司的員工都保持了對公司的高度忠誠。

在諸多的日本公司中，松下公司的做法極富典型性。

與其他日本公司一樣，松下尊重職工，處處考慮職工利益，還給予職工工作的歡樂和精神上的安定感，與職工同甘共苦。

一九三〇年年初，世界經濟不景氣，日本經濟大混亂，絕大多數廠家都裁員，降低工資，減產自保，百姓失業嚴重，生活毫無保障。松下公司也受到了極大傷害，銷售額銳減，商品積壓如山，資金周轉不靈。有的管理人員便提出要裁員，縮小業務規模。

這時，因病在家休養的松下幸之助並沒有這樣做，而是毅然決定採取與其他廠家完全不同的做法：工人一個不減，生產實行半日制，工資按全天支付。與此同時，他要求全體員工利用閒暇時間去推銷庫存商品。

松下公司的這一做法獲得了全體員工的一致擁護，大家千方百計地推銷商品，只用了不到三個月的時間就把積壓商品推銷一空，使松下公司順利度過了難關。

在松下的經營史上，曾有幾次危機，但松下幸之助在困難中依然堅守信念，堅持不忘民眾的經營思想，使公司的凝聚力和抵禦困難的能力大大增強，每次危機都在全體員工的奮力拼搏、共同努力下安全度過，松下幸之助也贏得了員工們的一致稱頌。

松下以員工為企業之本的做法在獲得了員工們大力歡迎的同時，也為松下公司培養起了一個無堅不摧的團隊。二戰結束以後的很長一段時間內，松下公司都十分困難。而在這種情況下，佔領軍出臺了要懲罰為戰爭出過力的財閥的政令，松下幸之助也被列入了受打擊的財閥名單。眼看松下就要被消滅了，這時，意想不到的局面出現了：松下電器公司的工會以及代理店聯合組織起來，掀起了解除松下財閥指定的請願活動，參加人數多達幾萬。

在當時的日本，許多被指定為財閥的企業基本上都是被工會接管和佔領了。工會起來維護企業的事還是頭一遭。面對遊行隊伍，佔領軍當局不得不重新考慮對松下的處理。到第二年五月，佔領當局解除了對松下財閥的指定，從而使松下擺脫了一場厄運。正是因為松下幸之助始終貫徹以人為本，尊重職工，愛護職工的企業經營理念，才保證了自己的絕處逢生。

古語云：得人心者得天下！只有真正俘獲了員工的心，員工才會爲企業的發展死心塌地工作。

12 艾森豪定律——想讓他表現得更好，就給他正面激勵

艾森豪說：「激勵是使別人積極主動地做你希望他們做的事的藝術。」詞典中將「激勵」解釋為「向別人提供或者影響別人的動機」。而「動機」則指促使一個人做事情或者以某種方式行事的內心的動力、意願。

從這一點上講，不難看出，激勵他人是觸動對方心靈並激發其行動的最有效措施。的確，直到如今，人們還是不停地用激勵的辦法影響他人做各種各樣的事情，公司中的領導管理下屬、下屬影響領導，家庭中的夫妻相處、孩子教育，談判桌上的鬥智鬥勇……

有人說：「能力會在批評中萎縮，而在讚揚、鼓勵等正面激勵中發芽、生長、茁壯。」事實就是如此。人與人之間的影響力，就是靠著這樣的法則不斷推進的。所以，生活中做一個懂得激勵他人的人，會更易於影響他人向著你所設想的發展，進而為你服務。對此，大家可以一起看看知名化妝品董事玫琳凱，是如何有效地運用正面激勵效應鼓勵員工的。

在玫琳凱公司工作的所有員工，在她們來公司的第一個月內，都會受到玫琳凱的親自接待；每到她們生日的時候，都能收到玫琳凱的生日祝福卡；此外，每當員工取得比上次優秀的成績時，員工所在的分公司都會給員工頒發一條緞帶作為紀念；在公司總部，每年還會舉行一次「年度討論會」，能夠參加此次討論會的員工，都是從公司中選拔出來的業績優異的突出代表；在每次公司例會中，還會派請公司中有資歷的人員上臺發表演說，介紹她們自己的成功之道，以供其他員工學習。

當有人詢問實行此模式的原因時，身為美國玫琳凱公司總裁的玫琳凱女士認為：「讚美是激勵下屬最有效的方式，也是上下溝通中最有效果的手段，因為每個人都需要讚美。只要你認真尋找就會發現，許多運用讚美的機會就在你面前。」玫琳凱公司正確而科學的做法，給人們留下了這樣的啟示——想讓他人表現得更好，就對他人進行正面激勵。

這樣講是因爲正面激勵屬於正確而積極的期盼。從心理學上講，人們在充滿信任、讚賞、鼓勵等正面因素影響的環境中生活成長，內心深處更易受到啓發和鼓勵，行爲也會趨向於向著更好的方向不斷發展。當這種正面激勵影響越大時，心態表現也越積極，從而使行動表現也越來越積極，最終獲得更好的成績。

心理學上認爲，這種對他人進行正面激勵的方法，同樣也屬於「期待效應」。此方法主要告訴人們，生活中要想有效地影響對方，就要學會向他人傳遞你所期望的資訊，這會更易於使對方向著你所設想的方向發展。例如，如果你希望你的孩子聽話，不要批評他，也不要斥責他，只需鼓勵、引導他做一個乖孩子，在以後的生活中他便會逐漸地表現得更加聽話。

爲了進一步解釋正面激勵與影響他人爲自己做事情的關係，心理專家曾打過一個形象的比喻：這好比汽車和汽油一樣，汽車能夠跑起來，依靠的正是汽油給引擎的衝力作用，當油箱中的汽油用完了，汽車便會馬上失去動力。但如果汽車中的油箱時刻注滿汽油，那車裏面的引擎便會一直工作，汽車也會一直繼續前進。所以，影響人的時候，如果你想讓對方做某件事情或者向著某個方向發展，就要給與汽油功效相似的正面激勵，時刻讓人心中蓄滿正面的「汽油」。如果沒有這種激勵，心理便沒有發展的動力，當然也就談不上行動了。

在一項成功影響他人的調查中，百分之七十的心理學家將正面激勵列爲其中最重要的一項。戴爾・卡內基所說：「當我們想影響他人的時候，可以用讚美代替責備。縱然部屬只是進步一點點，我們也應該讚美他，只有這樣才能激勵別人，不斷改進自己。」所以，如果你想有效地影響他人，必須學會激勵，用正面激勵的方法，將塵封在他人心底裏的積極性、主動性充分地調動出來。

首先要學會肯定。因爲肯定會在他人的內心深處產生強大的動力，驅使對方擁有積極向上的力量之源。其次，還要讓別人在內心和你有同樣的感受、同樣的心理狀態，進而做出同樣的行動。如何才能培養對方和你有著同樣的感受與心態呢？這就需要表揚、鼓勵、支持、信任等正面激勵的話語或者行爲的主動參與。

安德魯・卡內基說：「凡事自己單幹，或獨攬全部功勞的人，是當不了傑出領導人的。」安德魯・卡內基的話進一步向人們發出這樣的警示——如果你不懂得激勵對方，你便不能領導對方；當你不能領導對方的時候，那麼你便不能有效地影響對方，又何談他人爲自己服務呢？

13 阿羅不可能性定理——有時候需要「多數服從少數」

「少數服從多數」、「投票決定」的結果，並不能令所有人都滿意，這一現象很早就爲經濟學家們所關注。一九七二年度諾貝爾經濟學獎獲得者、美國人肯尼士・阿羅將這一研究應用到社會更廣闊的範圍，提出了著名的「阿羅不可能性定理」。它的基本內容是：如果眾多的社會成員有著不同的偏向，同時又要在多種方案之間做出選擇，那麼僅僅依靠民主制度，將不會得到讓所有人都滿意的結果。

以下這個事例就形象地說明了這個問題。

五個年輕人合夥投資開了一家鮮花禮品店，各自的投資金額也大體相當。那麼，他們對禮品店是如何管理的呢？

他們當中沒有「大股東」，按照股份比例決定發言權是不可能的。那麼，在做出某項決策時，實行「少數服從多數」的原則舉手來表決，可不可以呢？

表面看來，這種方法是可行的，因為不會出現支持方和反對方人數相等的局面，最多也就是三比二。然而，這幾個股東的實際做法卻並非如此，恰恰相反，他們採取的是：「只要有一人反對，便不能通過。」

爲什麼在企業管理中，「少數服從多數」原則有時會被擱置呢？以上面的鮮花店爲例。作爲企業，管理者的決策將直接影響企業的發展，如果此時採用投票方法，少數服從多數，將很可能使企業陷入巨大的風險之中。企業運作，關鍵是每一個環節都能順利完成，這樣才能達到最終的目的。

試想，假設在其中至少有一個投資人不同意的情況下執行決策，這個反對者就成了鮮花店最危險的環節。不難想像，一個認爲決策不可能成功的人，一個投反對票的人，在執行時的幹勁、做法將會如何。

實際上，有著中國「猶太人」之稱的溫州人，以及頻出商業鉅子的潮汕人在管理過程中，「多數服從少數」的哲學得到了非常普遍和堅決的執行。當然，這裏的「少數」是指洞悉市場、有著遠見卓識的少數。

然而，在企業決策中也會出現「多數」和「少數」都是智者的情況。這時應該如何決斷呢？

首先，必須關注反對意見，對其進行充分的分析判斷。

其次，如果條件允許，應適當延遲決策，只要決策層中有人持反對意見，就暫緩實施，進一步論斷。

許多時候，如果拿不出讓所有決策者都滿意的計畫，就寧願停止實施，等到時機成熟時再來決定方案也不遲。

「少數服從多數」是一種大眾思維。而有時，「多數服從少數」更是一種經濟的智慧。我們要既重視「多數」，又不忽視「少數」，在兩者之間尋找到一種平衡，這是運用經濟學參與現代企業管理的一大藝術。

任何時候，要提高決策制定和方案實施的效率，都應盡可能讓所有參與者「一致同意」，多留意不同的聲音，而不是只維護少數人的利益。

第 8 章

生命誠可貴，愛情價更高，而婚姻則是理性的投資

經濟學並不意味著複雜的數學模型和演算公式，也並不僅僅充斥著晦澀的專業術語，讓我們帶你進入通俗易懂、簡便快捷、生動形象的「經濟學聊天室」吧！

1 互補效用：愛情須「你情我願」才能實現

在經濟學家的眼中，愛情是一種具有互補效用的非耐用消費品，是實現人們幸福感的眾多消費品之一。

所謂互補效用，是說某一產品單獨存在，價值不會太高，甚至無價值。當另一產品出現時，彼此的價值會同時提升。即是說愛情須「你情我願」才能實現。至於非耐用消費品，意指愛情具有脆弱性、暫時性。

以筆爲例，如果只有筆而沒有紙，沒有人會用筆。有了紙後，筆和紙的價值都提升了。那麼，就愛情而言，男女雙方從中獲得的效用，是互相依存的。

也就是說，愛情是一種稀缺的經濟品，每個人都想得到，但又不見得能得到，況且，這是要「你情我願」才能實現的事，不是單方面想得到就能得到的。

大家都知道，新鮮的草莓，它的消費具有極強的時效性，如果短期內不吃掉，就很可能會腐爛變質。又如，聖誕樹、鮮花等，都是不能經久的。這些必須在短期內消費掉或者容易損耗的消費品，就是非耐用品。相反，耐用品保存的時間較長，不容易磨損，使用三五年甚至數十年，也不會發生大的變化或損耗，例如書籍。

從經濟學角度看，獲取一種消費品所費的代價越高，一般情況下，人們從此種產品的消費中獲得的效用也越大。由此，墜入愛河的男女，從愛情中獲得的效用（**或者說美好的感覺**）是趨向極大化的。

所以，實證資料顯示出兩種不同的情況：一方面多數人對愛情充滿期待。另一方面，調查資料也表明，愛情是短暫的。美國的調查顯示，男女之間的愛情最長只能維持十八個月，而義大利科學家認為，浪漫的愛情最多只會維持一年時間。雖然各方調研出來的愛情生存的時間有差異，但都認為愛情只能存續一段時間。

當然，經濟學家揭示出愛情「短暫」的特性，是為了更好的維護愛情。如果我們不知道愛情的「非耐用品」的特性，從而順其自然，那麼，當愛情的神秘面紗被揭開，也就只剩下風乾了的世俗生活，它就更不會持久；相反，當我們明白了愛情是「非耐用品」、會「短命」的這一特點，對症下藥，愛情是可以從非耐用品轉化為耐用品的。

這一點，張愛玲在《半生緣》一書中表述得十分清楚：「所謂真正的愛，不是真正轟轟烈烈的愛情，只是年深歲久之後，成為生活的一部分。」張愛玲所說的「真正的愛」，其實是「轉型」了的「愛情」。這一點，也有科學依據。美國醫學家發現，能夠持久的愛，是因為大腦組織分泌了另外的荷爾蒙維持關係，大部分是親情和友誼荷爾蒙。

2 焦大絕對不會愛上林妹妹——愛情是「有價」的

許多人認爲，愛情是無私的，根本就不應該跟講究功利的經濟學牽扯到一起。他們認爲，愛情能夠讓絕望的人煥發希望，讓灰姑娘變成白天鵝，讓人願意爲愛人上刀山、下火海……

不可否認，愛情的出現，將在一定時段、一定程度上影響甚至改變人們的某些偏好（或許只是一種「移情偏好」），但是它並非免費的午餐，而是自利的、「有價」的。

十九世紀的匈牙利詩人裴多菲・山多爾，很多人認爲他是一個真正懂得愛情的人，他說了一句名言相信大家都很熟悉，那就是：「生命誠可貴，愛情價更高；若爲自由故，兩者皆可拋。」從裴多菲・山多爾這段話看來，至少他把愛情和生命拿來比較，愛情的價格高過生命；而把自由放進來，則是兩者都可以拋卻了，因爲自由無價！

在經濟學上，「價格」是供給與需求相互作用的結果。愛情的供給與需求，就是你的愛的付出（供給），對方的愛的獲得（需求），但是對方是否會感到「愛的獲得」，關鍵在於她有沒有愛情的「需求」，不然「落花有意，流水無情」。有「價格」的東西，大家自然會去競爭。你想想看，現實生活中，爭風吃醋的現象是不是很普遍？

愛情之所以是「有價」的，是因爲它是「易碎品」。在一些情況下，爲了各種各樣的「利益最大化」，人們將拋棄愛情而選擇其他——譬如說，你同一個家庭條件很一般的女子戀愛，突然之間，一位億萬富翁的女兒也喜歡上你，你選擇和哪一個女孩子結婚？

你可能說，愛情是神聖的，我怎麼可能爲了金錢而出賣良心？可是種種案例顯示，很多人難逃移情別戀之劫。

愛情之所以是「有價」的，還因爲愛情並非共用品，它是「私用品」，最大的特點就是「排他」。俗話說「情人眼裏容不下沙子」，墜入愛河之中的情人之間無論哪一方，不論對原配偶或者其他異性有任何溫情的表示，必定會破壞那種「愛的感覺」，也必然會讓另外一方受到刻骨的傷害。雖然有的人會用所謂的遊戲規則來克制自己，但是那也僅僅是飲鴆止渴，最後總會引起情人關係的崩潰。

這種崩潰無外乎兩種：一是企圖走向婚姻，要求名分，這也是種種家庭悲劇的開端；二是情人關係破裂，受傷的一方離開。無論哪種都會給雙方造成巨大的痛苦。

愛情之所以是「有價」的，更因爲愛情同樣遵循邊際效用遞減規律。沒有經歷愛情的時候，人們對愛情存在很多美好的幻覺。邂逅愛情之後，熱戀中的人感覺自己是天下最幸福的人，覺得每天都有使不完的力氣，恨不得分分秒秒都跟戀人在一起，一日不見，如隔三秋。然而，隨著時間的流逝，這種感覺逐漸消退，甚至覺得握著女孩子的手跟握自己的手沒有什麼兩樣。結婚之後，這種感覺更甚。所以才會有很多女子抱怨說，丈夫婚前婚後大變樣。

愛情，是在人們追求自身利益最大化的基礎上，自由選擇而後才產生的。你試著想一想，你愛上某個人，是否是爲了他（她）的外貌、氣質、才幹或者家庭背景中的一項或多項條件？或者愛對方的誠實和專一，或者愛對方的長相，或者愛對方才華橫溢……總之，一定是因爲對方有著某項能夠吸引你的長處，早就有人說過，《紅樓夢》中的焦大絕對不會愛上林妹妹，反之亦然！

3 契可尼效應——不成功的初戀總是讓人刻骨銘心

在心理學家看來，不成功的初戀之所以讓人刻骨銘心，是因爲存在「契可尼效應」。例如，你在數學考試中要答一百題，其中九十九題都答得很好，就是剩下的那一道題把你難住了，未得出答案。

下課鈴響了，你交卷後走出考場，與同學們對答案，那九十九題都有正確的結果，而那未完成的一題，同學告訴了你答案。從此以後，那未完成的一題被你深刻而長久地記住了，而那九十九題卻被你拋到九霄雲外。

未獲成果的初戀是一種「未能完成的」事件。因而未果性是我們對初戀念念不忘的一個重要原因。

「契可尼效應」相當於經濟學中的需求定律或者邊際效用遞減律的一個應用。前文已經指出，初戀的邊際效用是趨向最大的。進一步的分析可見，如果初戀有了結果，二人成了眷屬，那麼，初戀的邊際效用也僅僅是約束條件下的最大化；如果初戀只是開花，沒有結果，那麼，由於沒有得到所期望的，其邊際效用就趨向無窮大了。

更何況，對於校園戀情而言，男女雙方並沒有對結婚乃至婚後生活的合理預期，也不知道畢業之後的艱難——就業的艱難、升職加薪的困難、買房的困難等等。校園中的戀愛，男孩與自己心儀的女孩，或花前月下，或漫步河邊。他們的戀情沒有社會上的那種功利色彩。他們不愁吃穿，除了考試，沒有其他的憂慮。這種條件下的愛情，怎麼能夠不純真？

相較而言，社會上的人大不相同，多數經歷過校園愛情的「洗禮」。經歷過的東西，邊際效用自然就減少了。就如同你在饑餓的時候，吃第一口東西，感覺好極了；吃第二口，感覺就沒有那麼美妙了。再次產生的愛情，不可能如初戀那樣的轟轟烈烈。這是其一。

其二，社會上的人們面臨著各種各樣的壓力，譬如工作中的競爭壓力、生活中的購房壓力，等等。這時候的愛情，在生活消費項目中所占的比重，遠較上學時低，因而人們從其中獲得的邊際效用也相對減少。所以，社會上的愛情，即使偶爾產生一些浪漫的波瀾，也只是如同平靜的湖水上投下的一顆小小的石子，泛起的是微微的波紋，很難產生巨浪。如果事業得意，一帆風順，不爲「五斗米」發愁，也許能在愛情上瀟灑一些。但無論如何，也很難找到最初的感覺了。

4 戀愛中的沉沒成本——該分就分

先看個故事。

她大學畢業時，拒絕了一位青梅竹馬男士的求婚，去了一個陌生城市，開始闖蕩生涯。幾年後，她回到家鄉創辦公司，自己做了老闆。

在她離開不久，那位男士結婚了。但是，沒多久，太太不幸病逝，他遭受了沉重的打擊，到另一城市攻讀博士學位。她以前的同學於是希望他們能走到一起。

她沒了主意，並認為自己年齡已大，人生最美好的階段已經過去，難找意中人。她打算去男士所在城市，找他談婚事，但是她對他並沒有「愛」的感覺。

這是個典型的愛情故事，但是按照經濟學家的眼光來分析如下：

第一，天下沒有免費的午餐，所有的選擇都有代價。二十多歲的時候，她選擇了事業，而以青春美貌爲機會成本。而今，她收穫了事業，沒有什麼可以抱怨的。

第二，以女孩子的年輕美貌作爲首要條件考慮的男人，未必真心。道理很簡單，年輕美貌是非耐用消費品，就如草莓那樣，消費的時間短暫，上午不消費掉，到下午可能就變質了。年輕美貌也是這樣的短暫。當你具備姣好容顏的時候，他愛你，但你老去的時候，他還會那麼愛你麼？如果草率結婚，很可能會飽嘗婚後的「痛苦」。

第三，如果那位男士真心愛她，爲什麼在分別不久就結婚了？這說明，他對她的感情很難持久，經不住時間的考驗。而且，他有失去另一半的陰影，難道她要同他一起承受？

人是自利的，也就是說，人在做決策時，從個人的感受出發。正如亞當・斯密所說：如果人不自利，社會就會混亂。麵包師盡可能提高麵包的品質，並不是出於仁慈的考慮，而是爲了拉攏顧客，打擊競爭對手，自己可以賺更多的錢。如果大家都像《鏡花緣》中的君子國那樣，賣方減價，買方加價，交易能夠達成嗎？對一個「沒有愛情成分」的人，值得強迫自己去愛他？同自己不愛的人結婚，這樣的婚姻會幸福嗎？

第四，按照經濟學的基本假設，人都是在約束條件下進行最大化選擇。她事業有成，交往的圈子廣，選擇面其實在日益擴大。那麼，在擴大了的選擇空間裏，她可選擇的人更多。通過比較分析，她可以找到更加合適的男友，所取得的收益要比在原來的選擇空間裏能夠取得的收益大。

第五，周圍朋友的意見，只可以作爲參考。由於他們考慮的是別人的問題，在資訊不對稱的前提下，他們提出建議的時候，很難把你的比較優勢、你的真實需求等因素合理納入成本－收益分析之中，再加上他們並不承擔你的決策的結果，這些建議難免存在偏差！完全聽信他人，風險太大。

第六，美麗的花樣年華流逝了，再也回不來了。這的確讓人遺憾。但是，怎能忘記經濟學中的「沉沒成本」？

舉例來說，如果你預訂了一張演唱會的門票，已經付了票款且不能退票。這時，你付的價錢已經不能收回，不論你是否觀看，錢都是收不回來的，票價就是沉沒成本。

如果你是理性的，那就不該在做決策時考慮沉沒成本。比如演唱會門票的例子中，會有兩種可能結果：付錢後發覺演唱會不好，但忍受著看完；付錢後發覺演唱會不好，退場去做其他的事情。

這兩種情況下，你都已經付錢，所以應該不考慮這件事情。如果你後悔買票了，那麼你當前的決定應該是基於你是否想繼續看這場演唱會，而不是你爲它付了多少錢。此時的決定不應該考慮到買票的事，而應該以看免費演唱會的心態來作判斷。經濟學家往往建議選擇後者，這樣你只是花了點冤枉錢，而選擇前者你還要繼續受冤枉罪。

愛情也是這樣。一個人選擇別人，不能老是想著以前曾經有過多好的機會，而應該考慮在現實情況下，怎麼樣才能找到最滿意的愛人。所謂「逝者不可追」就是這個道理，如果你把這個道理忘記了，很可能錯過許多新的機會。

如果你堅持考慮已經沉沒的成本，讓其影響你現在的決策，你可能只會越賠越大。例如，某位房地產商購入某塊地的時候，正值房地產業高峰，預算是按照當時的市場價格做的，等到拆遷安置完，準備動工時，不幸趕上宏觀調控，房地產業行情急劇下滑，他也知繼續動工肯定虧損，但是前期已經投入數千萬元，就此停手，他覺得太虧，不忍停手。結果，工程尚未完工就負債上億元，終因資不抵債，宣布破產。

所以，明智的人，做愛情選擇的時候，往往更注重對未來的預期。更多地用經濟學的理論去分析一下——過去的事情就讓它過去，如果因懊悔而做錯決定，那麼我們塑造命運的能力就會受到損害。

5 影響力定理——如果你不走近，就無法感受溫暖

無論是時間上的距離還是空間上的距離，都會讓彼此間找不到共同語言，也不容易明白對方的心思、苦衷、意見、見解。當你對對方的近況什麼都不瞭解的時候，便不能更好地施加影響。

孩子哭的時候，如果你想讓他停止哭泣，任你在遠處再怎麼勸說，他還會繼續哭。但

如果你走到他的面前，抱起他並逗逗他，他往往會很快止住哭聲。

當你有事情向老闆請假的時候，如果你只是打個電話請假，老闆在電話中通常會表現出不情願，甚至不給你假。但如果你提前直接向他請假，通常他會表現得無所謂。

當你和女朋友鬧矛盾的時候，你們越是不聯繫，矛盾往往越會加劇。但如果鬧完矛盾不久後，你主動向女朋友道歉，你會發現，你們之間的感情會比之前更加深厚。

談判時，如果你一直繞彎子不切入正題，對方則會認爲你沒有誠意，進而表現出不願意與你進一步交談。但如果你直截了當地和對方交談，那麼對方則會表現得更加積極。

……

生活中的很多事情都是如此，距離太遠便會失去一定的吸引力。對人的影響更是如此。如果你想影響對方接受你的觀點、意見，以及爲你做事情，那麼就要拉近彼此間的距離，因爲距離太遠便無法實施影響了。

心理學上認爲，任何一個欲向他人施加影響的人，都要學會拉關係、套交情，這是一種靠近他人的微妙法則。拉關係、套交情並不是簡單地完全附和他人的想法、意見，同意他人的請求，而是在你的引導下，讓對方主動地與你接近，接受你的意見、觀點，進而受你影響。同樣也不是諂媚，因爲諂媚往往會失去客觀性以及自我，正如有人說過的那樣：「拉關係、套交情是把自己的腳放到別人的鞋子中，而諂媚是把別人的鞋子穿在自己的腳上，鞋子不合腳還要忍受著夾腳的痛苦。」

雖然中國一直有「距離產生美」之說，但在情感上，距離有時並不能產生美，在影響人的過程中更是如此，反而多數時候，會因爲相對較遠的距離，使美漸漸地消失。遙遠的距離，會讓人與人之間感到陌生、孤獨，而影響人是需要通過不斷地交流和溝通，才能發揮效力的。如同感情一樣，有時就需要一個深情的眼神、一個溫暖的擁抱、一份溫情的關心，這不是用幾句言語就能代替的。無論是時間上的距離還是空間上的距離，都會讓彼此間找不到共同的語言，也無法明白對方的心思、苦衷。當你對對方的近況什麼都不知道的時候，你又拿什麼去影響對方呢？

6 不值得定律——選擇你所愛的，愛你所選擇的

不值得定律最直觀的表達爲：不值得做的事情，就不值得做好。這個定律反映出了人們的一種心理：一個人如果從事的是一份自認爲不值得的事情，往往會持冷嘲熱諷、敷衍了事的態度。不僅成功機率小，即使成功，也不會覺得有多大的成就感。

倫納德・伯恩斯坦是世界著名的指揮家，但他最傾心的事卻是作曲。伯恩斯坦年輕時跟美國最有名的作曲家和音樂理論家柯普蘭學習作曲，順便學習指揮技巧。

他很有創作天賦，曾寫出一系列不同凡響的作品，他幾乎成了美洲大陸的又一位作曲大師。

可就在伯恩斯坦在作曲方面嶄露頭角的時候，他的指揮才能被當時的紐約愛樂樂團指揮發現，力薦伯恩斯坦擔任紐約愛樂樂團常任指揮。伯恩斯坦一舉成名，在近三十年的指揮生涯中，伯恩斯坦幾乎成了紐約愛樂樂團的名片。

但在伯恩斯坦的內心深處，他更熱衷於作曲。閒暇時他總要找一段時間把自己關在屋裏作曲。雖然創作的欲望不時地撞擊和折磨著伯恩斯坦，但作曲方面的活力和靈感再也回不到他的身邊了，除了偶爾閃現的靈光外，伯恩斯坦得到最多的卻是深深的失望與苦惱。他的樂思好像一下子枯竭了。

我喜歡創作，可我卻在做指揮，這個矛盾一直在折磨著伯恩斯坦。當他在舞臺上無數次接受掌聲和鮮花時，有誰能明白他內心的隱痛和遺憾？

伯恩斯坦是出色的，但並不是快樂的，因爲他的大半輩子都活在苦惱和矛盾之中，甚至最後還帶著深深的遺憾告別了人世。

伯恩斯坦的經歷告訴我們：選擇你所愛的，愛你所選擇的。只有這樣才可能激發我們的奮鬥精神，我們也才可以樂在其中。

7 利益的最大化——人為什麼要結婚？

人爲什麼要結婚，說起來很簡單，但又很繁雜，認真地回答這個問題並不是那麼容易。人們對「結婚」這個字眼太熟悉了，連不懂事的孩子有時也會說出這個詞來。「人爲什麼要結婚？」實質是要人們回答結婚的動機是什麼，人結婚的目的是什麼，結婚的意義何在？

不同的社會、不同的階級、不同階層的人，其結婚的目的也往往相差甚遠。趨炎附勢、攀龍附鳳者有之，爲脫貧致富、享受榮華富貴者也有之……但總體來說，結婚是出於人的生物屬性和社會屬性的需要，是爲了男女雙方從中獲得肉體和精神上的滿足及人類社會繁衍的需要。

人要結婚的基本動機之一是滿足性的需求，實際上對這個命題無需大驚小怪。性需求同其他生理需求（如吃飯、排便等）一樣，並沒什麼本質的不同，所不同的是性需求是伴隨性發育和性成熟才出現的。隨著年齡的增長、性的發育成熟，漸漸出現了性的需求。這是兩性接觸的原動力。

人要結婚的另一個基本動機是爲了種族延續。人類得以延續完全是婚姻關係存在的直接結果。傳宗接代的思想一直都是明確的。如果每一對夫妻都不要孩子，那麼用不了若干年，人類就要自行消亡。因而人要結婚不僅僅是兩個人之間的事，也是整個社會的事，是人類進化、社會發展和科學技術發展的保證與原動力。

我們都知道的一點是，人是群居動物，群居的內部資源分享，使整個力量增強，然後就出現文明、人類社會，出現社會分工等等。當然，人在性和種族的延續方面不應單憑生物本能行事，而是還應具有更高尚、更完美和更豐富的社會內容。人的思想、情感、社會意識和道德諸因素在人類兩性結合中佔有不容忽視的重要位置。因此，人要結婚除了以上兩個基本動機外，另一動機就是爲了滿足愛情的需要。

愛情是性和種族延續動機所不能包括的，也是人區別於動物的根本標誌。人是有感情、有思想的。未婚男女在工作中、在共同接觸中會產生愛情，愛情是人類情感中更高一層、更深一步的東西。沒有愛情就很難成爲夫妻。當愛情發展到男女約會已不能滿足感情需要時，就會產生天天生活在一起的欲望，從而就自然要求以結婚的方式予以滿足。

做過管理的人知道，一個團隊，並不是人越多，帶來的效益就越大，而要看是什麼樣的組合。婚姻，是人類社會最小的構成單位。在這個有效的單位中，它能帶給單位內的成員以最大化的利益。當然，這種利益可能是精神的，也可能是物質的，也可能是全方位的。

婚姻存在的前提就是爲了尋求彼此保護，協同工作生活，取得好好生存下去的更大機會。有人做飯，有人打掃房間，有人修馬桶，有人裝飾屋子……彼此相得益彰。更重要的是，心裏有了依靠。

如果戀愛是漂亮豪華的包裝，婚姻就是打開包裝後的耐用品。經濟實惠，沒有過多裝飾。「桃之夭夭，灼灼其華；之子於歸，宜其室家」是婚姻的真正目的。兩個人成了一個利益共同體，各盡所長。資源的合理配置，實現了效率最大化。

從經濟學的角度來看，婚姻是人們爲了滿足於自身需要並降低交易費用而實現效用最大化的一種組合形式，類似於企業的存在是爲了要比市場交易節省交易成本。

在古代社會，家庭是一個最基本的生產單位。男耕女織，是一種生產勞動的分工合作，更是一種最佳的人力資源配置。食、色二者均可得以滿足，一舉兩得。成本低而效用大，何樂而不爲？現代社會人們組成一個家庭，像是在經營一家股份公司：其主要成員本著有錢出錢、有力出力的原則，共同合作經營。其理想境界應是：分配合理，利益均沾。其存在的邊界，取決於邊際投入與邊際收益。任何一方感到其邊際投入與邊際收益不相稱時，便會撤資散夥，分道揚鑣，婚姻危機也就隨之而來。

從社會學的角度來分析，婚姻是人類得以延續的必然，結婚組成的家庭是社會的基本單元。每個人有相應明確的權利和義務，社會才能得以穩定有序地發展，於是形成了一套社會婚姻規則，每個人都必須遵守這套遊戲規則。當然人們也有選擇不結婚或不生育的權利，如果是自願的選擇在此就不做分析了。

8 「門當戶對」暗合經濟規律，得到家長支持的婚姻幸福指數更高

在古代中國，結婚必須經過「父母之命，媒妁之言」，講究「門當戶對」；而當前，自由戀愛、婚姻自由，早已成爲社會風氣。但是，不少父母在子女的婚姻問題上仍堅持「出主意」，甚至起著決定性的作用。

那麼，這種「封建禮教」還有無存在的必要呢？

人與人結合組織家庭的方式，從指腹爲婚、媒妁之言到自由戀愛等不同的方式都曾被用來決定一個人與另一個人（或幾個人）組成一個家庭。顯然，其直接原因與合作能否產生效率有關。如果兩人見了面就要發生爭執，他們的家庭只會是夢魘。

家庭是兩人選擇的合作方式，爲了避免這些夢魘的發生，在組成家庭之前，雙方需要先尋找可以合作的對象。尋找可以合作的對象是兩個人合作的第一項交易成本。那麼，用什麼方式去降低這項交易成本？換句話說，社會是否已發展出一些能方便個人尋找到合適的對象的制度設計？

讓我們先從個人的擇偶問題開始分析。

假設王麗麗認識學校內三位男同學（張三、李四、王五），她打算在這些男同學中找一個合適的男孩發展感情。再假設王麗麗充分瞭解自己的喜好（偏好），如男孩的外貌、身材、氣度、性格、成績、家世等，並將它們歸類成兩點：

(1)與誰在一起較能開創出富裕的未來生活？

(2)與誰在一起較能培養出共同的喜好與默契？

讓我們以富裕和默契分別代表上述兩項考慮。

假設按照家庭富裕程度從高到低排列為：張三、李四、王五。

如果按照默契程度從高到低排列為：王五、李四、張三。

假設王麗麗偏好財富大於默契，則她將選擇張三；如果王麗麗偏好默契，則她將選擇王五；如果王麗麗的偏好介於財富與默契之間，則她可能選擇李四。

如果王麗麗所考慮的配偶的特性不僅僅是富裕與默契，我們也可以依上述方法比較分析而瞭解她的最後決定。

如果王麗麗並不滿足於這三位同學所提供的機會，她則會擴大選擇機會並使自己得到最高的幸福。王麗麗若想擴大選擇範圍，她就必須多參加一些活動，多認識一些男孩。

以上的擇偶決策僅限於王麗麗的考慮。難道只有王麗麗可以挑選男孩，而男孩不能選擇其他的女孩嗎？在現實生活中，男孩與女孩都在選擇伴侶。這種選擇是雙向的。

選擇對象就如選鞋一樣，你是看鞋子的精美、高貴，還是看它是否合腳？如果這雙鞋既合腳又精美高貴，那麼，你不必猶豫，立即選定；如果這雙鞋精美高貴，卻不合腳，那麼，你應該退而求其次，即選擇合腳的鞋子。如果男孩認可賢慧與默契，則男孩的擇偶選擇正如王麗麗的例子所顯示的，而無須重複討論。但我們應記住這一點：只有雙方的選擇契合時，兩人才有可能組成家庭。

實踐中，廣泛存在資訊不對稱，富裕、默契與賢慧等特性並沒有寫在人們的臉上；有時它們還被刻意僞裝出來。這表明，李四並不是很容易就能爲王麗麗所認可。除非她能完全知道每一位所交往的男孩的特性。經由約會交往，男孩與女孩可以逐漸瞭解對方的特性與習性。

當約會能夠給雙方帶來快樂時，他們會繼續交往下去。相反，在約會中不斷出現溝通不良或合作失調時，沮喪、失望的心情會使人產生二心。這種挫折感產生後，任何一方都會考慮是否應該嘗試更換交往對象。

然而，如前所述，交往的後果可能是令人愉悅的，也可能是令人感到痛苦的。更重要的是，交往的本身就必須付出時間、精力與感情。更淺白地說，談戀愛並不是沒有成本的。學生時代的戀愛可能要付出一些學業上的代價；就業後的約會可能要付出一些事業發展上的損失。在談戀愛以前，個人就會將這些因素考慮進來，以決定是否要談戀愛、願意付出多少代價來約會等等問題。如果多約會的成本太大，則個人將不再多約會；如果多約會一次徒費力氣，則會選擇分手。如果每個月多約會一次，會造成成績落後太多，就不會增加約會次數。

再進一步，儘管對方富裕與默契的特性並不完全符合自己的要求，在約會成本的權衡下，個人會做出一個使自己滿意的決定。換句話說，約會、擇偶並非完全出於浪漫而不需要理智來權衡。當主觀的約會成本很高時，個人將減少約會。

對於初戀的人們而言，克服害羞、臉紅是必須付出很大的成本的。因此，靦腆的青少年遲遲不敢接觸異性。同理，自以爲不需要異性合作或事業心較強的人也較少參與擇偶活動。相反，對於約會的主觀成本較低的人，他就可能嘗試與不同的人約會。約會需要雙方共同參與，只有雙方的主觀判斷較爲接近，才能使情侶關係持續下去。

當個人考慮包括當前的約會及日後的家庭生活時，個人對時間偏好的差異，便決定了他是否會在約會時先付出較高成本，還是在未來的家庭生活中再承擔較高的成本。

然而，並不是所有時代裏的男女都享有擇偶、戀愛的自由。假設王麗麗就是卓文君，出生在有錢的家庭，她的偏好是默契（大於富裕），於是選了司馬相如。未來的一生，卓文君可能生活在不富裕的環境中，但夫妻感情非常好。卓文君喜歡這樣過一生，但卓王孫可不這樣想。卓王孫希望卓文君未來的經濟環境必須有一定的水準，於是排除了司馬相如。在父權較高的古代社會中，像這類強調門當戶對而拆散鴛鴦的故事不勝枚舉。

我們無法斷定在富裕環境中長大的千金小姐選擇嫁給窮小子是否正確，也無法斷言窮小子將來能否讓愛他的千金小姐過上幸福快樂的日子。但這些故事卻有幾點值得我們討論。

首先，女兒的幸福不完全取決於男方的財富，即使威權甚高的父親也明白夫妻間默契的重要性。因此，當卓王孫把選擇範圍限於一定富裕線以上時，他是憑其經驗、偏好，把一些他認爲卓文君得花較大的交易成本才能組成美好家庭的男子都先排除，然後再把選擇的自由交還給她。

如此看來，門當戶對的觀念不能只視爲階級對立的象徵。如果從經濟分析角度看，它是父親爲降低女兒成立未來美好家庭的交易成本的一種制度。

那麼，就當代而言，婚戀中，父母的意見是否重要呢？無疑重要，背後的道理與古代相仿。科技發達、文明進步的今天，即將步入婚姻殿堂的男女，多數年齡依然相對較小，不過二十多歲，涉世未深，對婚後的艱辛等等未必能夠有效預期。如果讓他們自由選擇婚配，難免做出錯誤的選擇。而父母都是「過來人」，知識和經驗豐富，能夠大致做出理性的判斷和選擇，大大減少子女婚姻的風險。

如果說，以前的「門當戶對」這些「禮教」，在當時是降低交易成本的舉措。即便是當代，婚戀中，父母的意見仍然也是很必要的。所以，如果本人自己決定婚姻，又能夠得到家長的支持或者家庭的支持，這樣的婚姻幸福比例將較高。

9 經濟學博士的清單——婚姻到底需要多大的「交易成本」

戀愛是需要支付高額成本的。直接成本是尋找目標過程中所耗費的時間、金錢、財物。你要與對方見面，得犧牲一些時間，還要請對方吃飯喝茶，爲了給對方留下一個好印象，你還要刻意修飾一番，比如買件體面的衣服等等，這些都是直接的成本。你爲了追求對方，必然要放棄做一些別的事情，比如放棄對另一個目標的追逐。這是機會成本。

從尋找目標到談戀愛到結婚，都是成本的耗費過程。爲了降低交易成本，出現了婚姻介紹所、出現了電視速配。戀愛需要成本，很好理解，那麼婚姻需要什麼成本呢？

一位經濟學博士過了多年的單身生活，感到疲倦，於是想要結婚。但他又怕婚姻不如想像中的好，於是，按照經濟學關於成本和收益的原則，他列了份清單。

先算收益：

第一：兩個人貸款供房。

第二：兩個人賺錢養家。

第三：遇事有人商量。

第四：下班回家有人做晚餐。

第五：下雨天有人送雨傘。

第六：病了有人陪著去醫院。

第七：出差在外地，有人在家照看貓咪。

再算成本：

第一：不能隨意帶女人回家。

第二：不能送朋友貴重禮物。

第三：不能自己做決定。

第四：下班後不能太晚回家或不回家。

第五：家裏至少要準備兩把雨傘。

第六：如果她病了你也要陪她去醫院。

第七：出差外地，回家前不能忘了買禮物。

結果發現，收益和成本相等。每一條收益，都需要等量的成本。博士有些不知所措。他想了又想，決定遵照粉線定律，在成本與收益相等的情況下，選擇另一種未體驗過的生活。不久，博士結婚了。

沒有想到結婚的第三天，他就後悔了。

那天，他們為了一件小事吵了起來。他一生氣推了她一下，她撲了過來，雙手對準他的胸打了無數下，還又哭又鬧。博士費了九牛二虎之力，好不容易才把她哄好。

雖然戰爭只用了一天，但接下來的一個星期，他都無法集中精力讀書著文。這時候，他才明白自己錯了。他在計算成本和收益的時候，沒有把感情計算進去。因為感情是無法量化的。

「怎麼辦？離婚？」天哪！博士嚇了一跳，覺得不行，已經付出了這麼多成本，等平衡收益了再說。

現在，十年過去了，博士已經是兩個孩子的父親，事業上也是碩果累累，著作等身，成為業內知名人物，人們稱他為經濟學家。最近，他的又一本新做出版了。有記者採訪他，問他成功的經驗。他聳聳肩，笑笑說：「沒什麼，只不過為了平衡收益。」

到底是選擇結婚，還是選擇單身？

結婚是人生的一樁大事，一種雙方的盟約。而盟約的締結，除了賦予雙方權利和義務外，不可避免地附加了成本與收益問題。其成本主要表現在以下幾個方面：

青春成本——結婚，往往意味著告別青春、告別父母的蔭庇與寵愛。

失去愛上他人的機會成本——不管後來你遇到的人多讓你心動，對你多呵護，多體貼，你都沒有任何理由梅開二度。

道德成本——婚姻是有道德價值的，負載了許多的親情和義務，因此，婚約也是一份道德合約。婚姻在形式上是兩情相悅的個人行爲，但在本質上卻是一種社會行爲，要接受社會道德尺規的丈量。

結婚的經濟成本——購房、酒席、養家養子，哪樣不需要經濟支出？本來一人賺錢一人花，一人吃飽，全家不餓。現在要考慮家庭了……你的收入被分流了，那麼你是否能換來等值的回報？

身分轉變的成本——結婚後還面臨孩子、婆媳之間的微妙關係以及身分的升級貶值。假設你是女人，結婚前你是女孩，婚後就是女人了，她們有不同的市價。還有，結婚前是小姐，婚後是老婆、太太，而且被疊加了許多身分：妻子、母親、媳婦、嫂子、弟媳、妯娌、連襟、嬸嬸……而這一切身分的獲得，都需要相應的親情以及行爲規範作爲回報。

自由成本——得到幸福家庭的同時，必須放棄很多自由的選擇，包括與異性的親密交往，與狐朋狗友的呼杯喚盞、吆五喝六……另外，選擇婚姻必須放棄一部分個人愛好和興趣。結婚前你有大把的時間無法消磨，結婚後天天是柴米油鹽醬醋茶，天天圍著孩子工作轉……，爲家忙爲老婆孩子忙，會犧牲許多私人時間。

性的成本——婚內性看似最便宜，其實有時也是昂貴的。性是婚姻的附屬品，屬於買一贈一的範疇，似乎是平等交換，不需要太多投資。可是，性的貴在於它被框定在固定的範圍內，你不能越雷池半步。如果婚內性得不到滿足而有所僭越尋求外面發洩，則可能因違背道德合約而支付高昂的代價。

事業上的成本——如果你事業成功，結婚可能是錦上添花，但也可能一不小心就會被婚姻拖垮你的事業，或者馱著生活的重負，讓你停止了追逐事業的腳步。

總之，結婚的成本是要以今後的生活作爲回報的。付出這麼多代價，能否獲得期望的回報，這在選擇婚姻時是一個未知數。無論如何，在結婚前，一定要把成本給弄清楚，婚姻成本的表現形式主要不是體現在現金上，而是體現在結婚後自身價值的貶值，以及權利的喪失。

10 兩個相愛的人一定要算帳，還要學會正確地算

有人說，真正相愛的人不算帳，這句話其實隱藏著巨大的潛在危機。熱戀還好，真正長期柴米油鹽過日子，金錢將會成爲橫亙在兩人中間一大障礙，這是付出與得到的蹺蹺板，充斥信任與不信任的博弈。所以兩性關係中談錢是必須，如何談便成爲一種智慧了。

處理「錢」問題，通常最容易陷入下面七個誤區：

錯誤一：從來不談

爲什麼這是錯的？一旦熱戀期度過，情侶們無可避免地遭遇現實問題，那時他們心中

就開始算帳了。如果其中的一方經常忘記主動付帳，另一方或者提醒他，或者默默忍受，但終究會有爆發的一天，爭吵不可避免。

最好的解決辦法：在金錢問題開始困擾日常生活之前就明確地談論它，明確各項開支兩人如何支付。爲了避免出現一方認爲自己付帳更多的情況，兩個人建立一個共同帳戶，用這個帳戶裏的錢支付日常開銷。首先要坐在一起計算每月大致的生活費用，共同帳戶裏保存這個數字即可。

錯誤二：收入不同，但實行AA制

爲什麼這是錯的？因爲即使是公平的AA制原則，也越來越難被收入少的一方所承受。其結果是在心中積累了怨恨。

最好的解決辦法：在收入有差距的情侶間，最佳方案是按照收入的比例來確定承擔日常開銷的比例，這樣每個人都能存一些錢，買自己喜歡的東西，也能毫無芥蒂地給對方買禮物。無疑，這才是最公平的原則。

錯誤三：一個人負責還貸，另一個人負擔日常開銷

爲什麼這是錯的？沒有從經濟上參與兩個人的重大投資決定，一定會帶來日後的遺憾。正如網友小蘋所說：「我們不該這樣做的，如今我越來越彆扭，我感覺這房子不是屬於我的。」她感到了不公平，在房子問題上，她是依附於對方的。這種情緒和後果對情侶來說是十分嚴重的定時炸彈。

最好的解決辦法：三十歲以下的年輕人在共同投資的問題上經常猶豫不決，因爲他們對自己的未來還不確定。但心理學家說，如果兩個人想共同投資，房子是最好的選擇：在一處各自擁有所有權的房子裏共同生活，能帶來精神上的平等感受。

錯誤四：一個人管理兩個人的錢

爲什麼這是錯的？因爲對金錢的管理會成爲一種權力。心理學家告訴我們，如果在愛情關係中一方擁有絕對控制權力，長久下去會造成兩人關係的不平衡。

最好的解決辦法：女性更細心，是更好的管理者，她們之中的大多數認爲自己對家庭的理財狀況負有責任。一個人管理兩個人的錢，爲什麼不呢？但條件是尊重對方的自由，不加評論，畢竟每個人的價值觀多少有些差異。

錯誤五：我一個人負擔所有開銷

爲什麼這是錯的？如果長期獨自承擔經濟壓力，會使一方的心理變得沉重，非常不開心，焦慮暴躁，面對另一方的無憂無慮，他會感到很不公平。

最好的解決辦法：金錢的煩惱應該是由兩個人來分擔，即使你認爲自己在這方面比他高明。你可以對另一方說：「你的意見是什麼？」「幫我一起來解決這個問題。」參與感在愛情中是非常重要的。兩個人共同想辦法，不僅會找到更好的辦法，也會找到心理的平衡。

錯誤六：我借給他錢

爲什麼這是錯的？事情在一開始就不清不楚，對方答應你一定會還錢的，但你既不知道是什麼時候、也不知道他如何還，這種隱藏著不信任的關係在情侶間製造了壓力。一方

持續充當著消防隊員的角色，時刻準備爲另一方解圍，也許認爲這是愛的表示，但實際上是加重了兩人之間的不平等和依附關係，這對愛情來說是非常有害的。

最好的解決辦法：在互相信任的情人之間，互相幫助是很正常的事，但保持透明度非常重要。不妨問這樣的問題：「你認爲能夠把錢還給我嗎？」「你認爲這筆錢不需償還嗎？」心理學家說，不要開口向情人借錢，除非確定能夠償還的時候再開口。

錯誤七：缺錢的情侶沒有好結果

爲什麼這是錯的？金錢問題是影響感情的一大因素，它如同一個面具，背後隱藏著最深刻的危機。有一半的夫妻在離婚的時候爲金錢問題大吵特吵。無可否認，我們都是自私的，分享和無私援助不是我們的信條。當兩個人的感情出現危機的時候，拿金錢說事是最容易的，其實問題比這複雜得多。正如心理學家所說，金錢就像一個聚滿猜想的地方，如果不交流，對方會由此產生最深的誤解。

最好的解決辦法：瞭解對方的金錢觀和價值觀有助於你更好地理解對方的行爲方式，進而確定自己和對方是不是一路人。

第9章

金錢力≠幸福力，在經濟學的思維中實現幸福

有首打油詩這樣寫道：「他人開寶馬，我獨騎單車。回顧拉車人，頓覺好一些。」騎單車的人，看到有人開著寶馬名車從身邊威風而過，心裏很不是滋味，但當他回頭看到身後還有拉車賣煤球的人，心裏頓時覺得豁然開朗。顯然，通過比較優勢，個體的幸福感得到了極大滿足，這就是經濟學中蘊涵的奧秘——經濟學中有比較優勢的理論，而幸福的感覺可以從比較中獲得。

1 弗里德曼公式：懂經濟更容易抓住幸福的真諦

終年九十四歲的經濟學家弗里德曼，有一次讓人幫他修剪草坪。弗里德曼覺得以普通方式來修剪草坪過於單調，於是特意吩咐工人在草坪上剪出「MV=PY」的貨幣數量論公式來。

第二天，鄰居看到草坪上的圖案，跑來問弗里德曼：「這些古怪的圖案是不是外星人留下來的？」弗里德曼樂得哈哈大笑：「的確是來了外星人，你看，外星人都認爲貨幣數量論是正確的。」

弗里德曼生活在快樂的世界中，他懂經濟，能瞭解生活的本質，善於抓住幸福的真諦，始終生活在快樂之中。幸福、快樂的人，才會長壽。

經濟學研究的是經濟與市場，生活中處處都離不開經濟學。經濟市場中有交易，通過交易，人們的生活才會過得更美好。一個國家有石油沒有糧食，另一個國家有糧食沒有石油。怎樣才能讓兩國的人民過上幸福的日子呢？爲了實現利益最大化，經濟學告訴我們需要交換。

交換意味著市場的開放，開放的市場才能帶來國家的發展。大到國家，小到個人，正是因爲有了經濟市場的存在，繁榮與幸福才得以實現。

世界各國的文化存在差異，經濟發展也沒有固定模式，但是免受饑餓、疾病及災難的困擾是人類共同的願望。我們都希望世界變得更美好一點，災難更少一些。然而，僅靠良好的願望並不能消除饑餓或疾病。經濟發展的最佳路徑都有其客觀規律，它不可能按照人們的一相情願去運行。而經濟學就是一門研究經濟發展客觀規律的科學，它更是一門研究如何使人類幸福的學問。

心理學家通過對幸福的考察，認爲它表現爲三個不同的取向：生活品質意義上的幸福、心理健康意義上的幸福、自我價值感的認定。這三個方面雖有交叉，但從不同的維度對幸福的定義進行了確定，能夠很好地幫助我們認知幸福到底是什麼。

生活品質意義上的幸福感研究者，一般將幸福感界定爲人們依據自己對生活物質的渴求標準來對幸福進行評定。在他們看來，一個人是否幸福，關鍵在於他對自己的生活是否滿意以及滿意的程度如何。這種觀點的產生是受了經濟學家關於生活品質考察的影響。

二十世紀五〇年代以來，以美國爲代表的西方發達國家的經濟迅猛發展，人們的物質需求得到了極大滿足。然而，在人們享受豐富物質的同時，心理體驗的負面問題卻突顯出來。爲此，經濟學家提出了「生活品質」的概念，強調無形的精神生活水準對人們生活的影響。心理學研究者在此基礎上提出了採用幸福感作爲反映生活品質的指標，由此而發展了生活品質意義上的幸福感研究。

生活品質意義上的幸福感研究取向於生活滿意度，認爲人們獲得幸福的關鍵在於對物質的滿足程度。

這不禁讓人想起一則經典故事。

有一天，富人碰到窮人，問：「你知道什麼是幸福嗎？」

窮人對自己的生活很知足，回答說：「我現在的生活就很幸福。」

富人不以為然，望著窮人漏風的茅舍、破舊的衣著，說：「我的生活才是真正的幸福，豪宅百間，奴僕千名，錦衣玉食，榮華富貴，你現在的生活窮困潦倒，怎能稱為幸福呢？」

誰知好景不長，沒過幾日，一場大火把富人的百間豪宅燒得片瓦不留，奴僕們各奔東西，一夜之間，富人淪為乞丐。他路過窮人的茅舍，想討口水喝。

窮人端來一大碗清涼的水，問：「你現在認為什麼是幸福？」

富人眼巴巴地說：「幸福就是現在口渴時有這碗水。」

在這個故事中，富人從始至終都是物質主義者，從當初的豪宅、奴僕到後來的一碗清水，他一直用物質的富裕程度來評價幸福的程度，如果他有幸研習心理學，必定是個生活品質意義上的幸福研究者。

與富人相反，那個窮人擺脫了對物質生活的迷戀和膜拜，認爲物質只是生活必備的基礎，幸福來自於自己心靈上的感知，他是個典型的心理健康意義上的幸福感研究者。

心理是幸福感研究的另一個重要取向，這個取向與積極心理學的發展密切相關。理解心理學發展歷史的人都知道，自誕生之日起，心理學在社會生活中產生影響的最重要方面，莫過於心理診斷與心理治療。這使得很多人對心理學產生了很大偏見，認爲心理學所關注的重點是非正常人的心理與行爲和正常人不健康的心理與行爲，而對正常人如何適應和應付生活、如何獲得人生幸福關注不夠。

應該說積極心理學的發展爲心理學正了名，或者說延伸了心理學的研究範圍，使心理學能夠在人們正常生活的基礎上幫助人們更好地適應與應對生活。積極心理學研究者的努力，被稱之爲心理健康意義上的幸福感研究。

這項研究有一個重要假定：一個人是否幸福首先在於其是否擁有心理健康，而心理健康的重要標誌之一則是能否獲得情感上的平衡。

因此，如果一個人所體驗的正向情緒（比如快樂）比負向情緒（比如痛苦）多，那他就會感到更幸福。也就是說，幸福感在很大程度上取決於人們在特定條件下所體驗到的正向情緒。

以下幾點是十分重要的：

第一，**心理參照系**。就社會層面而言，其成員的幸福感將受到他們心理參照系的重大影響，例如在一個封閉社會中，由於缺乏與其他社會之間的比照，儘管這個社會的物質發展水準不高，但由於心理守常和習慣定勢的作用，其成員便可能知足常樂，表現出不低的幸福感；而一個處在開放之初的社會，面對外來發達社會的各種衝擊，開始了外在參照，因此，其成員的幸福感便可能呈現下降之勢，因爲此時他們原有的自尊受到了創傷。

第二，**成就動機程度**。人們的成就需要決定他們的成就動機程度，成就動機程度又決定其預期抱負目標。其中人們對於自身成就的意識是一個重要環節，因爲如果人們意識到的自身成就水準高於他們的預期抱負目標，那麼，便會產生強烈的幸福感；反之，如果人們意識到的自身成就水準低於他們的預期抱負目標，那麼，則不會有幸福感可言。

第三，**本體安全感**。它指的是，個人對於自我認同的連續性、對於所生活其中的社會環境表現出的信心。這種源自人和物的可靠感，對於形成個體的信任感是極其重要的，而對於外在世界的信任感，既是個體安全感的基礎，也是個體抵禦焦慮並產生主觀幸福感的基礎。因此，人的幸福感有時與其經濟狀況或收入水準之間並未呈現出簡單的正相關關係，在現實生活中，一些經濟狀況不佳的人，其幸福感卻不低，而有些百萬富翁卻整日憂心忡忡。

心理學對幸福研究的第三種取向是人們自我價值感的認定。這種研究取向的確立，有著極其濃重的哲學意味。西方哲學史上對幸福感有著較爲完善的認證，一些心理學研究者在生活品質意義上的幸福感研究基礎上，創造性地吸收了哲學成果，對幸福的含義進行了新的闡釋。他們認爲，幸福不僅僅意味著因物質條件的滿足而獲得快樂，還包含了通過充分發揮自身潛能而達到的完美體驗。

通過人們自我價值感的認定來研究幸福感，自我決定理論是其重要的理論研究基礎。

自我決定理論是由美國心理學家Edward L.Deci和Richard M.Ryan等人在二十世紀八〇年代提出的。該理論是一種關於人類自我決定行爲的動機過程理論，認爲人是積極的有機體，具有先天的心理成長和發展潛能。

自我決定就是一種關於經驗選擇的潛能，是在充分認識個人需要和環境資訊的基礎上，個體對行動所做出的自由選擇。自我決定的潛能可以引導人們從事感興趣的、有益於能力發展的活動。按照自我決定理論的解釋，人們能否體驗到幸福，取決於那些與人們的自我實現需要密切相關的基本需要的滿足情況。因此，幸福感更多地表現爲一種價值感，它從深層次體現了人們對人生目的與價值的追求。

2 卡尼曼定律：財富僅僅是能夠帶來幸福的小因素之一

與我們的生活密切相關的經濟學，曾一度放棄對幸福概念的關注。原因有兩點：一是因爲「幸福」被理所當然地認爲是非科學性的概念，因其主觀性過大而幾乎無法測量和討論；二是「幸福」被很多經濟學家認爲不是本學科的內容，而是需要在心理學、社會學、政治學，甚至哲學等平臺上進行綜合討論與研究，是一個可能永遠無法獲得定論的大命題。

幸運的是，還是有一些有見識的經濟學家站出來爲我們的幸福生活搖旗吶喊。

作爲英國當代頂尖的經濟學家之一，理查・萊亞德曾經是英國前首相布萊爾的顧問團成員，自二〇〇〇年起還擔任了英國上議院議員，宣導「幸福治療國家」，被譽爲英國的「首席幸福經濟學家」。

他在二〇〇五年出版的《不幸福的經濟學》中，對「經濟學對幸福的漠視」提出了嚴厲批評，他堅持認爲，幸福無疑是社會唯一值得努力的目標，我們必須考慮現代文明如何讓我們不幸福、即使有錢爲什麼還不幸福、要GDP還是要幸福等一系列問題。

與理查・萊亞德的研究領域接近的專家還有普林斯頓大學的心理學教授卡尼曼。

二〇〇二年，卡尼曼和喬治梅森大學的史密斯共同獲得諾貝爾經濟學獎。卡尼曼教授及合作者塔夫斯基的研究成果從很多方面證實了傳統經濟學的一些基礎理論存在的錯誤。他們的新經濟學涉及財富和廣義的幸福。他們認爲人們應該關心如何提高幸福本身，因爲人們最終追求的是生活幸福，而不是單純擁有更多的金錢；不是最大化財富，而是最大化的幸福。

應該說，卡尼曼糾正了我們一貫存在的錯誤認識——很多人曾經把財富看做是幸福的代名詞。卡尼曼幫助我們回歸到追求本源，他認爲財富僅僅是能夠帶來幸福的因素之一，事實上，幸福是由許多因素共同作用決定的。更多的金錢並不一定能帶來更多的幸福，人們選的並不總是能使他們最高興的，金錢甚至會爲人們帶來痛苦。

痛苦或是幸福，本來就是一種感覺。放在經濟學研究平臺上，經濟學家只好把幸福或者痛苦的感覺與可以量化的財富放在一起。

研究發現，當人們收入水準較低時，隨著收入增加，人們的幸福程度增加；但是當收入達到一定程度，人們的幸福感再也不隨收入進一步增加而同步增加，而是隨收入呈邊際遞減。

經濟學對此的解釋是幸福邊際效用遞減。也可以用心理學知識解讀這種現象的發生。解釋之一是「習以爲常」因素作用，儘管經濟改善和物質水準提高可以令人快樂一陣子，但不久感覺就會煙消雲散，原來的奢侈享受都變成生活必需的一部分，失去了佔有的滿足感。解釋之二是人們的攀比心理在起作用，當人們得知周圍其他人的生活比自己好時，物質水準提高帶來的快感會消失得很快。

蕭伯納說：經濟學是一門使人幸福的藝術。經濟學家們的一切努力其實應該都是爲了幸福最大化，儘管很多經濟學家把關注的目光放在了物質財富的增長上，但還是有人天才般的將經濟學中的幸福精確地簡化爲效用。

3 薩繆爾森的幸福方程式：幸福＝效用／欲望

美國經濟學家薩繆爾森曾經給出一個幸福方程式：幸福＝效用／欲望。這個公式告訴我們，幸福程度與效用成正比，與欲望成反比；當欲望既定時，效用越大，越幸福；當效用既定時，欲望越大，越痛苦。

如果效用作爲一種實體存在，在一定時空中，它可以認爲是一個既定的量或是一個既定範疇裏的變數，如時間對於一個人而言只能從零歲到死亡等。而作爲分母的欲望不同，它作爲一個帶有一些虛空特色的變數，其變動範疇寬泛得多：當欲望不斷擴張，用數學語言來說就是當欲望趨於無窮大時，幸福就趨於零，這就是說對於無窮欲望者而言是沒有幸福可言的；而當欲望無限變小，不斷趨近於零時，其結果顯然是沒有意義的，也就是說，當一個人失去了任何欲望，幸福對他來說就不存在了。

如果把效用看做是一種心理感覺，欲望得到滿足就是效用，那麼，效用要消費物品或勞務才能得到，消費物品與勞務要有收入。從這種觀點出發，沒錢絕對不幸福，但有錢也並不一定幸福。

有些經濟學家認爲，在人的幸福中由金錢帶來的幸福僅僅占百分之二十，甚至更少。對低收入者而言，金錢與幸福的關係更爲密切；但對於高收入者，金錢與幸福的關係就要淡得多。

我們的心理體驗告訴我們，幸福不是簡單地與財富或者別的某一方面產生的一元函數關係，而是一個有多種因素存在的多元函數。決定幸福的不僅僅有財富，還有其他因素，比如情感、興趣、愛好、人際關係、尊重等。幸福是一種感覺，這種感覺是通過對比產生的，也就是說，一個人對幸福的主觀判斷往往與其用以比較的參照物有關。

薩繆爾森的幸福方程式爲我們指出了獲得幸福的途徑：要想更幸福，必須增加效用，或降低欲望。經濟學認爲「天下沒有免費的午餐」，增加效用需要增加收入。這也是學校老師忙著兼職代課、白領忙著兼職的原因。但是，經濟學又告訴我們，凡事都有邊際，邊際效用時時存在，在增加收入的過程中，要適可而止，恰到好處。如果我們過度追求財富而失去了閒暇時間，有可能收穫的不是幸福而是痛苦。

相比增加效用，通過控制欲望獲得幸福則更爲簡單。

有一個富人正在沙灘上享受陽光，他的左邊躺著一個年輕的流浪漢。

富人對流浪漢說：「你應該去外面的世界努力打拼。」

流浪漢表示不解，反問：「我為什麼要努力打拼啊？」

富人說：「努力奮鬥才能獲得更多的財富。」

年輕的流浪漢問：「獲得財富又為了什麼？」

富人說：「獲得財富你才能到海邊度假。」

年輕人反問道：「那麼你認為我現在正在做什麼呢？」

這個故事有趣地說明了欲望對人的幸福感的影響。在經濟學家眼裏，幸福生活的人必定不是欲望的奴隸。經濟學家認爲，在人的幸福中由金錢帶來的幸福僅僅占百分之二十。

4 馬斯洛需求層次理論——因價值感而獲得的幸福最為珍貴

幸福的產生是建立在欲望的基礎上的，如果一個人沒有欲望，那他就不可能獲得幸福。欲望，從某種意義上來說就是需求。換句話說，幸福的產生基礎必然是需求的滿足。談到需求，就繞不開馬斯洛需求層次理論。

馬斯洛理論把需求分成生理需求、安全需求、社交需求、尊重需求、自我實現需求五類，依次由較低層次到較高層次排列。各層次需要的基本含義如下：

(1)**生理上的需要**。這是人類維持生命運行的最基本要求，包括對以下事物的需求：呼吸、水、食物、睡眠、生理平衡、分泌、性。如果這些需要（**除性以外**）任何一項得不到滿足，個人的生理機能的正常運轉就會遭到破壞。換而言之，人類的生命就會因此而死亡。在這個意義上說，生理需要是推動人們各種行爲最原始的動力。

（2）**安全上的需要**。這類需要包含以下幾個方面的要求：人身安全、健康保障、資源所有性、財產所有性、道德保障、工作職位保障、家庭安全。馬斯洛認爲，人的身體機制是一個追求安全的機制，人的感受器官、效應器官、智慧和其他能量主要是尋求安全的工具，甚至可以把科學和人生觀都看成是滿足安全需要的一部分。

（3）**情感和歸屬的需要**。這類需要包含的要求有：友情、愛情、性親密。每個人都希望得到別人的關心和照顧。感情上的需要比生理上的需要更爲細膩，不同的人有著不同的情感需要，它和一個人的生理特性、經歷、教育、宗教信仰等有關係。

（4）**尊重的需要**。該層次包括：自我尊重、信心、成就、對他人尊重、被他人尊重。尊重的需要可分爲兩部分：內部尊重和外部尊重。內部尊重是指一個人希望在各種不同情境中有實力、能勝任、充滿信心、能獨立自主，有人的自尊；外部尊重是指一個人希望有地位、有威信，受到別人的尊重、信賴和高度評價。

（5）**自我實現的需要**。該層次包括：道德、創造力、自覺性、問題解決能力、公正度、接受現實能力。這是最高層次的需要，它是指實現個人理想、目標，發揮個人潛能到最大程度，達到自我實現的境界。

馬斯洛認爲，前三種需要都屬於低一級的需要，尊重的需要、自我實現的需要屬於高

層次的需要。已經滿足的需求，不再是激勵因素。大多數人的需要結構很複雜，無論何時都有許多需求影響行爲。一般來說，只有在較低層次的需求得到滿足較高層次的需求才會有足夠的活力驅動行爲。

在追求各種需求滿足的過程中，人們會產生不滿足和滿足感：需求獲得了供給，就會產生滿足感；否則，就會有不滿足或者不如意的感覺產生。滿足感是人們獲得幸福的第一要素，也就是說，幸福基本定義的第一個維度是滿足感。許多人因爲滿足而幸福，比如某人期望獲得加薪，結果事如他願，在得知這個消息的當時，他會覺得很幸福。根據人類的生活經驗，只要某種需求得到滿足，人就會產生幸福感。

幸福基本定義的第二個維度是快樂感。快樂不等同於幸福，但快樂促進幸福的產生。就快樂與幸福的關係與區別而言，快樂是感官的享受，而幸福是一種狀態；快樂易得，而幸福難求；幸福的人必能時常感受到快樂，不幸福的人也能偶爾感到快樂。許多事情都能爲人帶來快樂，比如有人因爲去釣魚而快樂一上午，有人因爲看一場球賽而快樂一天，有人因爲蜜月而快樂一個月，有人因爲孩子即將出生而快樂一年。

有些快樂很短暫，有些快樂相對長久一些，快樂的人容易獲得幸福，而幸福的人容易品嘗到快樂的滋味。幸福在於擁有，快樂在於使用。花錢也許買來快樂，卻並不能買來幸福。有些人爲得到短暫的快樂，而破壞已擁有的幸福。當人們沒得到或失去幸福後，會期望、懷念一種天長地久的幸福。所以，珍惜幸福是一種智慧。當你得到你想要的東西的時候，要珍惜你的擁有，如果貪心得到更多而不珍惜所擁有的，就會因失去而痛苦。

幸福基本定義的第三個維度是價值感。所謂價值感，就是一個人因對他人和社會產生價值而獲得的主觀感受。結合馬斯洛需求層次理論，產生價值感的需求主要集中在尊重的需要和自我實現的需要這兩種高級需要的範圍之內。價值感是幸福的最高表現，它是在滿足感和快樂感同時具備的基礎上，增加了個人價值的體現因素，比如獲得重大成就、產生重大經濟利益等，從而使個人獲得長久、持續、極其難得的幸福感。因價值感而獲得的幸福，是最爲珍貴的幸福。

5 康得哲學——生氣是拿別人的錯誤懲罰自己

哲學家康得曾說：「生氣是拿別人的錯誤懲罰自己。」

人生在世，免不了要和別人相處，由於每個人的文化水準，工作生活，性格愛好不同，相處久了，難免會發生磕磕碰碰和矛盾衝突，這時往往就會產生仇恨的心理，如兄弟反目、婆媳不和、同事爭執等，嚴重破壞了人際關係，給生活增添了不少麻煩。其實，這些矛盾只是些小矛盾，只要有一方豁達一些，大度一些，該寬容的寬容，該忘記的忘記，問題就會迎刃而解，干戈就會化爲玉帛。

然而，在現實生活中，總有那麼一些人，心胸狹隘，小肚雞腸，處事總是持「寧可我負人，不可人負我」的態度，對別人的不是，甚至並非不是之事也斤斤計較，毫髮必爭，往往使一丁點矛盾進一步惡化。事實上，錙銖必較，最終只會使自己失去了快樂。

從前有一個窮秀才在集市上賣字畫。

有一天，他看見不遠處前呼後擁地走來一位大臣的小少爺。秀才知道這位大臣在年輕時曾經欺辱迫害過自己的父親，他的父親因而憂鬱致死，秀才的心底不由湧起一陣仇恨的情緒，但這位小少爺並不瞭解這一切。

這孩子被秀才的一幅花鳥畫深深吸引住了，他在這幅畫前流連忘返，不忍離去，想要買這幅畫，秀才卻將這幅畫收起來，並聲稱不賣給他。

這位小少爺是位癡情任性的人，對那幅畫始終難以割捨，不能忘懷。從此以後，這孩子因為想得到這幅畫而得了心病，日漸憔悴。

最後，他父親出面了，表示願意為這幅畫付一筆高價。可是秀才寧願把這幅畫掛在他家堂屋的牆上，也不願意賣給這個大臣。他陰沉著臉坐在畫前，自言自語地說：「這就是我的報復，父債子償。」大臣沒有買到畫失望地回去了，沒過幾天，大臣的兒子就死了。

可是秀才卻沒有得到報復後的快感，他連日夢見小少爺天真的笑臉，這使他的良心受到了譴責，終日痛苦不已。

有一天，他應人要求畫一幅佛像。可是，他畫著畫著，覺得佛像與自己以往畫的佛像有很大的差異。這使他苦惱不已，他費盡心思地找原因。

突然，他驚恐地丟下手中的畫筆跳了起來：他剛畫好的佛像的眼睛，竟然是那位大臣的眼睛，連嘴唇也是那麼相似。他把畫撕碎，高喊道：「我的報復已經又回報到我的頭上來了！」

生活就是這樣，面對別人的傷害，刻意的報復往往結局並不樂觀，最後的結果與其說是報復了自己的敵人，不如說是更深地傷害了自己。

報復是把雙刃劍，在傷害別人的同時，也會劃傷自己。因此不要對別人的傷害耿耿於懷，用別人犯下的錯來懲罰自己，使自己痛苦，實在是太不明智了。

有一位哲人說過：「世界上沒有跨越不了的事，只有無法逾越的心。」這個心一旦被自己封閉起來就變成了「心域」，它不但會限制我們的潛能，更影響了我們對幸福的體悟。所以，要想獲得幸福，最關鍵的是要開放自己的心。

6 齊加尼克效應——有些壓力很正常，不必為此太緊張

齊加尼克效應是指：因工作壓力導致心理上的緊張狀態。它源於法國心理學家齊加尼克曾經作過的一次很有意義的實驗。

一八八八年，美國第廿三屆總統競選之日，候選人本傑明・哈里森（一八三三～一九〇一年）很平靜地在等候最終的結果。

他的主要票倉在印第安那州。印第安那州的競選結果宣布時已經是晚上十一點鐘了，一個朋友給他打電話祝賀，卻被告知哈里森早已上床睡覺了。

第二天上午，那位朋友問他為什麼睡這麼早。

哈里森解釋說：「熬夜並不能改變結果。如果我當選，我知道我前面的路會很難走。所以不管怎麼說，休息好不失為是明智的選擇。」

休息是明智的選擇，因爲工作會帶來壓力。哈里森明白這一點，但他也許不知道自己所要克服的，實際上是因工作壓力所導致的心理上的緊張狀態。在心理學上，這種狀態被稱為「齊加尼克效應」。

齊加尼克效應告訴我們：一個人在接受一項工作時，就會產生一定的緊張心理，只有任務完成，緊張才會解除。如果任務沒有完成，則緊張持續不變。

隨著科技的飛速發展和知識訊息量的增加，作為「白領」階層的腦力勞動者，其工作節奏日趨緊張，心理負荷亦日益加重。特別是腦力勞動是以大腦的積極思維為主的活動，一般不受時間和空間的限制，是持續而不間斷的活動，所以緊張也往往是持續存在的。

腦力勞動者更容易產生齊加尼克效應。隨著當代科學技術的飛速發展、知識訊息量的快速增長，腦力勞動者的工作量亦相應增加，工作節奏隨之加快。

由於腦力勞動是以大腦的積極思維為主的活動，其特殊性在於大腦的積極思維是持續而不間斷地活動，所以緊張也往往是持續存在的。諸如報刊的編輯人員在出刊之前，「八小時以外」亦仍然會考慮組稿、編排等情況；搞研究項目的科研人員，研究課題經常連綿不斷地呈現在眼前……有時，那些尚未解決的問題或未完成的工作，會像影子一樣困擾著你。醫務人員、工程師、作家等都有此體會。

緊張的工作節奏和各種競爭，使腦力勞動者易於產生緊迫感、壓力感和焦慮感，若處理不當或不能適應，則對很多身心疾病的發生起著推波助瀾的作用。因此，腦力勞動者必須學會自我心理調適，緩解精神上的緊張狀態。

一、縮短工作時期，提高八小時內工作效率

每完成一項工作任務可謂是一個週期，當你克服了某個難關，或完成了一件重要工作，達到「柳暗花明又一村」的境地時，心情會豁然開朗，愉悅之情油然而生，這種完成任務後的歡愉對緩解心理緊張、促進身心健康是極其有益的。

二、在高度緊張之時，應力求降低應激的臨界值，給自己以「減壓政策」

無論工作多麼繁忙，每天都應留出一定的休息、「喘氣」的時間，抽空散散步，活動活動筋骨，儘量讓精神上繃緊的弦有鬆弛的機會。

要科學地安排工作、學習和生活，實事求是地制定工作計畫或目標，並適當留有餘地。對待事業上的挫折不必耿耿於懷，亦不要爲自己根本無法實現的「宏偉目標」而白白地耗盡心血，弄得精疲力盡。

三、「精神勝利法」

魯迅筆下的阿Q常用「精神勝利法」自我解嘲，對現代人亦不無裨益。這種「精神勝利法」實質上是一種自我暗示。自我暗示是由本人的認知、言語、思維等心理活動來調節和改變身心狀態的心理過程。運用積極樂觀的自我暗示法能化被動局面爲主動局面，收到特殊的調節效果。

四、養成運動的習慣

每天可安排一小時，根據自己的情況靈活掌握。運動項目可選擇跑步、快走、太極拳、球類等等。體育鍛煉對於腦力勞動者來說，既可放鬆身心，又能增強體質。

五、培養一項以上業餘愛好

腦力勞動者的業餘愛好可作爲轉移大腦「興奮灶」的一種積極的休息方式，有效地調節大腦的興奮與抑制過程，進而消除疲勞，改善情緒，從緊張、乏味、無聊的小圈子中走出來，進入一個生機盎然的境界，業餘愛好的內容是廣泛的，諸如琴棋書畫、養鳥養魚、花卉盆景、寫作、旅遊、垂釣等等。可根據自己的興趣選擇，適當「投資」，最好培養成爲一種習慣。

六、**講究心理調節**

既然壓力是客觀存在的，就應以積極的態度去面對它。將焦慮、煩惱等劣性情緒強行積鬱在胸顯然不妥。心情不好時，應儘量想辦法「宣洩」或轉移，如找知心朋友傾訴，一吐爲快；或出去走走，看電影電視等。困難時要看到光明面，失敗時要多看自己的成績，要有自信心。這樣有利於理清思路，克服困難，走出逆境。

7 畢達哥拉斯定律——憤怒從愚蠢開始，以後悔告終

古希臘哲學家畢達哥拉斯認爲人在盛怒下常常會做出不理性的行爲，他說：「憤怒從愚蠢開始，以後悔告終。」培根則告誡道：「無論你怎麼地表示憤怒，都不要做出任何無法挽回的事來。」在現實生活中，一時憤怒，釀成大錯或大禍的事，絕非少見。

有時候一個人感到心煩意亂時，會覺得周圍的一切都與自己的想法或做法是相悖的，更奇怪的是有時還會自己生自己的氣，看什麼都不順。可往往就是這一時之氣，害了自己的一生。

從前，有一隻駱駝在沙漠中無力地向前走著。中午的太陽簡直就是一個大火球，像要把整個沙漠吞沒一樣，把駱駝曬得又餓又渴，焦急萬分。駱駝裝了一肚子的火，不知該往哪兒發。

這時，正好有一塊小小的玻璃片把牠的腳掌硌了一下，氣呼呼的駱駝頓時火冒三丈，抬起腳狠狠地將碎玻璃片踢了出去。卻不小心將腳掌劃開了一道深深的口子，鮮紅的血液立刻把沙粒給染紅了。

生氣的駱駝因為疼痛一瘸一拐地向前走著，身後留下了一串血跡，血跡引來了空中的禿鷲。牠們叫著在駱駝上方的天空中盤旋著。駱駝心裏一驚，不顧傷勢狂奔起來，在沙漠上留下一條長長的血痕。

跑到沙漠邊緣時，濃重的血腥味引來了附近的沙漠狼，疲憊加之流血過多，無力的駱駝只得像一隻無頭蒼蠅一樣東奔西突，倉皇中跑到一處食人蟻的巢穴附近。鮮血的腥味惹得食人蟻傾巢而出，黑壓壓地向駱駝撲過去。

就在一剎那，食人蟻就像一塊黑毛毯把駱駝裹了個嚴嚴實實。一會兒工夫，那隻可憐的駱駝就滿身是血地倒在了地上。

臨死前，這個龐然大物追悔莫及地嘆道：「我為什麼跟一塊小小的碎玻璃片生氣呢？」

臨死前才明白不應該動不動就生氣，這隻駱駝顯然明白得太晚了。其實人和駱駝是一樣的，人在生氣的時候也會亂發脾氣，有時候也會做一些對自己有害的事，等到真正面臨嚴重後果時才發現，自己的所作所爲都是因爲一時之氣，卻造成了可能是永遠無法挽回的過錯。

在世界撞球冠軍爭奪賽上，路易士・福克斯胸有成竹，十分得意，因為他的成績遠遠領先對手，只要發揮正常再得幾分便可登上冠軍寶座。

然而，正當他準備全力以赴拿下比賽時，發生了一件令他意料不到的小事：一隻蒼蠅落在了主球上。路易士沒有在意，揮了揮手趕走蒼蠅，然後俯下身準備擊球。

可當他的目光落到主球上時，這隻可惡的蒼蠅也落到了主球上，他又揮了揮手趕跑了牠。然而這隻蒼蠅好像故意要和路易士作對，正當路易士再次俯身時，蒼蠅再次落在了主球上。觀眾席上發出了笑聲，而路易士的情緒顯然惡劣到了極點。

當那隻蒼蠅又落在主球上時，路易士終於失去了冷靜和理智，憤怒地用球桿去擊打蒼蠅，一不小心球桿碰動了主球，裁判判他擊球，他因此失去了一輪機會。

這時，本以為敗局已定的競爭對手約翰・迪瑞見狀勇氣大增，信心十足，連連過關；而路易士則在極度憤怒與失控情緒的驅使下接連失利，最終錯失冠軍寶座。

路易士沮喪地離開賽場，第二天早上有人在河裏發現了他的屍體。他投河自殺了。

一隻小小的蒼蠅竟擊敗了一個攻城掠地的世界冠軍！不禁令人扼腕長嘆，更令人震驚深思。

可以說，路易士並不是沒有能力拿世界冠軍，可他的能力卻被他的情緒所左右，在對待影響自己情緒的小事時不夠冷靜和理智，沒能控制和調節好這種負面情緒，最終失掉了冠軍乃至自己的生命。

生活中，我們經常見到有人發脾氣，也經常看到有人因為發了脾氣，而把事情搞得一團糟，其原因不是這個人的能力不夠，更不是這個人缺乏溝通的能力，而是因為這個人百分之一的壞情緒，導致了最後百分之百的失敗。

芝加哥第一國家銀行董事會會長維特・摩亞說過：「如果某人情緒不穩，甚至怒不可遏，我總覺得對於我自己來說不但沒有壞處，更會對我的地位產生幫助。」

因此，不要因為別人發怒，你便怒不可遏，要知道那正是你應當平和的時候。

當然，每個人都是有感情的，不可能像木頭人一樣沒有情緒，也不可能永遠保持冷靜的頭腦。不過當你想發怒的時候，先想想這種爆發會產生什麼影響，是否會有損於你自己的利益，那麼你也許就會好好約束自己，控制自己的情緒了。

如果人們在事業長跑中沒有保持一種健康的情緒，最終將無法觸摸到成功的終點線。並非他們才智平庸，也不是時運不濟，與其說他們是在與別人的競爭中失利，不如說他們輸給了自己不成熟的情緒。

然而，控制壞情緒也並不是說要壓制一個人的情感，情緒波動和產生負面情緒都是很正常的，重要的是要將這種情緒合理化，正確地釋放和轉化，才不至於影響我們的正常生活和工作。

當壞情緒來襲時，我們應以理性克服情感上的衝動，選擇在一個在恰當的場合以一種恰當的方式發洩出來，或是轉移自己的注意力，去參加適當的體育運動，或到遠處去走走放鬆自己的心情。

放開那些無謂的束縛，讓自己的心靈解放，自在地飛翔。

8 破窗效應——人們的行為總是受某種暗示的潛在影響

美國史丹福大學心理學家菲力浦・辛巴杜曾做過一個關於破窗效應的實驗：

他買來兩輛一模一樣的汽車，把其中的一輛停在加州帕洛阿爾托的中產階級社區，這個社區相對整潔繁華。把另一輛停在紐約布朗克斯區，這個地方相對雜亂，沒有秩序性。他把停在布朗克斯的那輛車的車牌摘掉，然後讓頂棚保持打開著，結果當天晚上就被偷走了。但放在帕洛阿爾托的那一輛，過了一個星期還好端端地放在那。可是當辛巴杜用錘子把那輛車的玻璃打碎了之後，不到幾個小時，那輛車就不見了。

這一實驗告訴人們，任何一種不良現象的存在，都在傳遞著一種資訊，這種資訊會導致不良現象的無限擴展。「千里之堤，潰於蟻穴」，人們應高度警覺那些不易察覺的微小的過錯，以便及時矯正，避免惡果發生。

受到破窗效應的啓示，日本發明了一種叫做「紅牌作戰」的品質管制活動。他們將沾滿油污、不清潔的設備貼上具有警示意義的「紅牌」，將藏汙納垢的辦公室和車間死角也貼上「紅牌」，這樣人們就會儘快收拾整齊，使其迅速改觀，從而營造一個清潔整齊、舒爽有序的工作環境。

其實在日常生活中也是如此，人們的行爲總是受某種暗示的潛在影響。比如某人本來並不貪心，但是粗心的路人把錢露出衣袋少半部分，這時，那個人就有可能貪念頓起，順手牽羊做了小偷。

我們每個人都隨身攜帶一種看不見的法寶「積極心態」，而它的另一面寫著「消極心態」。一個積極心態的人並不否認消極因素的存在，他只是學會了不讓自己沉溺其中。一個積極心態者常能心存光明遠景，即使身陷困境，也能以愉悅和創造的態度走出困境，迎向光明。在人的本性中，有一種傾向：我們把自己想像成什麼樣子，就真的會成爲什麼樣子。

在我們碰到棘手的問題時，必須先靜下來，勿衝動行事。既然木已成舟，請以美好的姿態去面對一切。當不能立竿見影地解決問題時，請試著改變你面對問題的心情。

我們常常以爲是一件事情引發了我們的某種情緒，但美國心理學家艾理斯認爲，是我們內心的想法或者說心態決定了我們的情緒。

所以，不要把你的一切情緒都歸於現在的事件、現在的人、現在的關係。表面上是這些因素決定了你的愛恨情仇以及種種情緒，事實上，導致你負面情緒的罪魁禍首是你內心對事情的想法和觀點，而這是完全可以用積極的心態去改變的。從這個意義上說，我們完全有能力左右自己的心情。

如果你因爲失敗而灰心喪氣，其實那是成功女神對你毅力的一次考驗；總結經驗和教訓，重拾勇氣和自信一定會墊起你未來成功的高度。鬱悶的心情只會讓你更加失敗，而坦然的心情則能讓你接近成功。

如果你因爲失去而黯然神傷，那是因爲你一直習慣擁有、害怕失去。的確，失去會帶來疼痛，但更多的時候，正是因爲失去，才讓你得到更多。而有所得必有所失，同樣有所失也必有所得，所謂「失之東隅，收之桑榆」。人生本無所謂得失，你心情的好與壞，全在於你自己內心的想法。

有人說：「人生如打牌，而不似下棋。」下棋是公平的，棋子一樣多，棋盤共同用，條件相同，起跑線一致，機會均等，就看誰的棋藝高。而打牌是不公平的，除了抓牌的數量一樣，牌的好壞卻有著千差萬別。人生也是這樣，我們不能控制自己的牌是好還是壞，但是我們可以控制自己打牌時的心情。好心情會讓你的牌技發揮得更好，結果也許是你拿了一手爛牌卻贏了這一局！

9 比倫定律──失敗也是一種機會

美國考皮爾公司前總裁F·比倫提出：「失敗也是一種機會。若是你在一年中不曾有過失敗的記載，你就未曾勇於嘗試各種應該把握的機會。」

古埃及國王有一次舉行盛大的國宴，廚工在廚房裏忙得不可開交。一名小廚工不慎將一盆羊油打翻，嚇得他急忙用手把混有羊油的炭灰捧起來往外扔。扔完後去洗手，他發現手滑溜溜的，特別乾淨。

小廚工發現這個秘密後，悄悄地把扔掉的炭灰撿回來，供大家使用。後來，國王發現廚工們的手和臉都變得潔白乾淨，便好奇地詢問原因。小廚工便把自己的事情告訴了國王。國王試了試，效果非常好。很快，這個發現便在全國推廣開來，並且傳到希臘、羅馬。沒多久，有人根據這個原理研製出流行世界的肥皂。

我們誰都不願意失敗，因爲失敗意味著以前的努力將付諸東流，意味著一次機會的喪失。不過，一生平順，沒遇到失敗的人，恐怕少之又少。所有人都存在談敗色變的心理，然而，若從不同的角度來看，失敗其實是一種必要的過程，而且也是一種必要的投資。數學家習慣稱失敗爲「或然率」，科學家則稱之爲「實驗」，如果沒有前面一次又一次的「失敗」，哪裏有後面所謂的「成功」？

全世界著名的快遞公司ＤＨＬ創辦人之一的李奇先生，對曾經有過失敗經歷的員工則是情有獨鍾。每次李奇在面試即將走進公司的人時，必定會先問對方過去是否有失敗的例子，如果對方回答「不曾失敗過」，李奇直覺認為對方不是在說謊，就是不願意冒險嘗試挑戰。

李奇說：「失敗是人之常情，而且我深信它是成功的一部分，有很多的成功都是由於失敗的累積而產生的。」李奇深信，人不犯點錯，就永遠不會有機會，從錯誤中學到的東西，遠比在成功中學到的多得多。

另一家被譽為全美最有革新精神的３Ｍ公司，也非常贊成並鼓勵員工冒險，只要有任何新的創意都可以嘗試，即使在嘗試後是失敗的，每次失敗的發生率是預料中的六成，３Ｍ公司仍視此為員工不斷嘗試與學習的最佳機會。

３Ｍ堅持的理由很簡單，失敗可以幫助人再思考、再判斷與重新修正計畫，而且經驗顯示，通常重新檢討過的意見會比原來的更好。

美國人做過一個有趣的調查，發現在所有企業家中平均有三次破產的記錄。即使是世界頂尖的一流選手，失敗的次數毫不比成功的次數「遜色」。例如，著名的全壘打王貝比路斯，同時也是被三振最多的紀錄保持人。

其實，失敗並不可恥，重要的是面對失敗的態度，是能反敗爲勝，還是就此一蹶不振？傑出的企業領導者，絕不會因爲失敗而懷憂喪志，而是回過頭來分析、檢討、改正，並從中發掘重生的契機。

沮特．菲力說：「失敗，是走上更高地位的開始。」許多人之所以獲得最後的勝利，只是受惠於他們的屢敗屢戰。對於沒有遇見過大失敗的人，他有時反而不知道什麼是大勝利。其實，若能把失敗當成人生必修的功課，你會發現，大部分的失敗都會給你帶來一些意想不到的收穫。

人生總免不了要遭遇這樣或者那樣的失敗。確切地說，我們每天都在經受和體驗各種失敗。有時候，我們甚至會在毫不經意和不知不覺之間與失敗不期而遇。面對失敗，我們又往往會採取習慣的對待失敗的措施和辦法——或以緊急救火的方式撲救失敗，或以被動補漏的辦法延緩失敗，或以收拾殘局的方法對待失敗，或以引以爲戒的思維總結失敗……條條道路通羅馬。當我們失敗時，如果能夠靜下心來，坦然面對，換一個角度去思考，那麼在我們從另一個出口走出去時，就有可能看到另一番天地。

要相信，上帝在關上一扇門的同時會打開另一扇窗戶，機遇的誕生可能就在這一切發生之時。

10 甜檸檬心理——接納自己，找到自身優勢

「甜檸檬」心理就是說相信自己的檸檬就是甜的，指的是自己所有而擺脫不掉的東西就是好的，要學會接納自己。每個人都有自身的優點，都有自己的優勢，也都有自己的特點，千萬不要輕易說自己這裏不好，那裏不如人，不妨試試「甜檸檬」心理，學會接納自己，逐漸增強自信。

愛迪生小時候曾被學校教師認爲愚笨而失去了在正規學校受教育的機會。可是，他在母親的幫助下，經過獨特的心腦潛能開發，成爲世界上最著名的發明大王，一生完成兩千多種發明創造。他在留聲機、電燈、電話、有聲電影等許多項目上進行了開創性的發明，從根本上改善了人類生活的品質。這是人的潛能得到較好開發的一個典型。

事實上，世界本來屬於我們，我們只要抹去身上的灰塵，無限的潛能就會像原子反應堆裏的原子那樣充分發揮出來，我們就一定可以有所作爲，創造奇蹟。

也許你想成爲太陽，可你卻只是一顆星辰；也許你想成爲大樹，可你卻只是一株小草；也許你想成爲江河，可你卻只是一泓山溪……於是，你很自卑，總認爲命運在捉弄自己。

其實，平凡無需自卑，關鍵是要扮演好自己的角色。

有個小男孩頭戴球帽，手拿球棒與棒球，全副武裝地走到自家後院。「我是世上最偉大的擊球手。」他自信地說完後，便將球往空中一扔，然後用力揮棒，卻沒打中。他毫不氣餒，繼續將球拾起，又往空中一扔，然後大喊一聲：「我是最厲害的擊球手。」他再次揮棒，可惜仍是落空。

他愣了半晌，然後仔仔細細地將球棒與棒球檢查了一番之後，他又試了一次，這次他仍告訴自己：「我是最傑出的擊球手。」然而他第三次的嘗試還是揮棒落空。

「哇！」他突然跳了起來，「我真是一流的投手。」

男孩勇於嘗試，能不斷給自己打氣、加油，時刻充滿信心，雖然結果仍然失敗，但是，他並沒有自暴自棄，也沒有任何抱怨，反而能從另一種角度「欣賞自己」。

生活中大多數人都習慣自憐自艾、自我批判，他們最常說的是「我身材難看」，「我能力太差」，「我總是做錯事」……他們總是學不會像那個小男孩一樣，換個角度欣賞自己，這都是由於自卑心理在作祟。

自卑心理所造成的最大問題是：你總是在斤斤計較你的平凡，你總是在想方設法證明

你的失敗，每一天你都在爲自己的想法找證據，結果你越來越覺得自己平凡、渺小，處處不如人。一個值得思考的問題是：爲什麼你明明知道這樣做會使人生更灰暗、負面的感覺更多，更不知道珍惜人生的天賦美好，卻還是執迷不悟。我們都是芸芸眾生中的一員，都是平凡的小人物，但我們也有比別人美好的地方，所以千萬不要自貶身價。

如果一個人對自己都不欣賞，連自己都看不起，那麼，這個人怎麼還會自強、自信、自愛、自省呢？你也許曾埋怨過自己不是名門出身，你也許曾苦惱過自己命運中的波折，你也許曾惋嘆過自己行程中的坎坷。可是，你有沒有正視過自己？對於一個生活的強者而言，出身只是一種符號，它和成功沒有絲毫瓜葛，你又何必爲此而斤斤計較？人生變動不居，又豈能無憂無慮、平靜無波？生命的行程如果沒有頑石的阻擋，又怎能激起美麗的浪花朵朵？

11 真正的幸福，不需要給別人看

幸福不是做給別人看的，也與別人怎麼說沒有關係，重要的是我們自己知道自己到底要什麼，也就是說幸福掌握在自己的手中，而不是在別人眼中所展現出來的幸福，是自己真正感受到的那種愉悅、甜蜜和快樂。

而女人可能更在意別人如何看待自己，所以女人們要知道，當你穿上一件漂亮的衣服，是爲了讓自己舒服，而不是爲了讓別人誇自己好看；你買了輛新車是爲了讓自己出入方便，而不是要看別人羨慕的眼神；你做了件好事是爲了讓自己心情舒暢，而不是爲了得到別人的讚揚；你誇獎別人是爲了讓別人開心，而不是爲了讓別人也誇讚自己。

女人對幸福的追求應該比男人更執著，自然對於有關幸福的探討也更爲深刻。每個女人的內心深處都渴望擁有幸福的生活，但是問題在於，你是真正在享受幸福，還是別人看到的幸福呢？

人一生的時光是有限的，人的一生到底能擁有多少幸福的體驗？關鍵在於我們能不能把生命的存在當成一種幸福，爾後好好珍惜；在於我們能不能把自己該負的責任當成一種幸福，爾後坦然承擔；在於我們能不能把超越自我當成一種幸福，爾後不言放棄；在於我們能不能把物質上與人的差距當成一種幸福，爾後潔淨心靈；幸福不是索取，不是攀比，不是逃避，更不是佔據物質財富的多少，而是付出和給予，這樣我們才能感知到自己生命的存在是有意義的、有價值的，這樣我們就會感受到幸福。

幸福是人與生俱來的一種體驗，它和悲傷、痛苦、失落等一樣，只是我們在生命中諸多體驗中的一種而已。人的一生中到底是幸福多一些，還是失意多一些，取決於我們如何解讀「幸福」，幸福和其他的生命體驗關係並不是加減法的關係，所以不是幸福體驗多了，其他體驗就會減少。

人的一生是應該在豐富的生命體驗中度過的，當我們成年以後，我們的生命體驗不能再停留在他人、他物對「我」的施爲上，而更多的應該是自己主動去思考、去選擇、去取得幸福的體驗，只有這樣，當生命結束之時才會無悔！

對於幸福，每個人都應該有一個比較直觀的感性的認知。你自己認爲的和別人想的可能有著很大的區別，不要胡亂對比和豔羨，對號入座是原始人的文明。有個性的發展，有了夢想和追逐夢想，都是件很幸福的事情。須以你的發展爲依據，別人只是參考，不應該當作人生全部的追逐，只需保持向上的姿態即可。

所以，永遠不要去羨慕別人的生活，即使那個人看起來快樂富足。永遠不要去評價別人是否幸福，即使那個人看起來孤獨無助。幸福就是這樣，如人飲水，冷暖自知。「你不是我，怎知我走過的路，心中的苦與樂」。

坦然接受獨一無二的自己，真心真意地愛自己，保持自己的本色，無需顧慮別人對你的看法，用心感受幸福的呼吸，無論何時請記住，你的幸福不是給別人看的。

第10章

小數字、大秘密——看懂「經濟規律」背後的含義

可以說，「經濟規律」是一隻看不見的手，它在默默地指揮著經濟的運行和變化。我們可以不是經濟學專家，但是不能不懂經濟學常識，更不能不瞭解與我們日常生活息息相關的經濟規律。

1 努力捕捉那些有益的「蝴蝶」，為自己贏得一個更好的未來

「一隻蝴蝶在熱帶輕輕扇動一下翅膀，就能給一個遙遠的國家造成一場颶風。」這個非常有名的論斷，來自美國氣象學家愛德華・羅倫茲於一九六三年發表的一篇科學論文。

在論文中，他指出「一隻蝴蝶在巴西輕拍翅膀，可以導致一個月後德克薩斯州的一場龍捲風」。通過這篇論文，「蝴蝶效應」一詞開始為世界關注。

蝴蝶效應所描述的其實是一種混沌現象。它指出在一個動力系統中，初始條件下，微小的變化能給整個系統帶來長期的、巨大的連鎖反應。

當初，羅倫茲為了預報天氣，採用電腦類比地球大氣的變化。他採取了十幾個方程式，希望借助電腦的高速運算來提高長期天氣預報的準確性。

在一次試驗中，為了提高計算精度，他把一個數值零點五〇六提高精度到零點五〇六一二七，然後再輸入電腦。但是，當他離開電腦，喝杯咖啡以後回來再看時卻大吃一驚。他發現本來很小的初始誤差，卻讓結果偏離了十萬八千里！

再次驗算，發現電腦並沒有毛病，羅倫茲由此意識到，由於誤差會以指數形式增長，在這種情況下，一個微小的誤差隨著不斷推移也會造成巨大的後果。

於是，他將這種現象稱之為「蝴蝶效應」。

這個發現非同小可，以致最初科學家都不理解，幾家科學雜誌也都拒登他的文章，認爲違背常理——相近的初值代入確定方程，結果也應相近才對，怎麼會大大遠離呢！但是，隨著大量事實的不斷印證，「蝴蝶效應」迅速在社會各個領域推廣開來。

要準確地理解「蝴蝶效應」，還需瞭解「非線性」的概念。簡單說來，線性是指量與量之間成比例關係，形象理解，就是一種直線關係，這種關係有著明確的規則；而非線性則指不按比例、不成直線的關係，代表不規則的運動和突變。

比如，兩個眼睛一起工作時，其視覺靈敏度是一個眼睛的幾倍？一般人很容易想到兩倍，然而實際情況卻是六到十倍！

這就是一種典型的非線性關係，在這裏，一加一不等於二。實際上，非線性無處不在，無時不在，比如：雷射的生成就是非線性的，當外加電壓較小時，雷射器猶如普通電燈，光向四面八方散射。而當外加電壓達到某一定值時，受激原子會突然發射出相位和方向都一致的單色光，這就是雷射。

健康人的腦電圖和心臟跳動並不是規則的，而是混沌的，混沌在此時化作生命力的表現。相比之下，混沌系統對外界的刺激反應，要比非混沌系統更快。而蝴蝶效應，便是典型的非線性，典型的混沌。

在今天，蝴蝶效應運用更多的，還是天氣、股票市場等在一定時段內難於預測的複雜系統。這一效應說明，事物發展的結果，對初始條件具有極爲敏感的依賴性，初始條件的極小偏差，將會引起結果的極大差異。

當蝴蝶效應運用到社會學界時，說明了一個有著瑕疵的機制，不管它有多麼微小，如果不加以及時地引導、調節，最後都很可能會給社會帶來非常大的危害，甚至帶來一場「龍捲風」或「風暴」；相反，一個有著優點的機制，不管它有多麼微小，只要正確指引，經過一段時間的努力，最後都很可能會產生轟動效應，甚至引發革命性的進展。

在西方，有一個廣爲流傳的民謠，就說明了在混沌系統中，初始條件的微小變化經過不斷放大，對未來造成的巨大影響。

丟了一個釘子，壞了一隻蹄鐵；
壞了一隻蹄鐵，折了一匹戰馬；
折了一匹戰馬，傷了一位騎士；
傷了一位騎士，輸了一場戰鬥；
輸了一場戰鬥，亡了一個帝國。

馬蹄鐵上一個釘子是否會丟失，本是初始條件十分微小的變化，但其「長期」效應卻是一個帝國存與亡的根本差別。這就是軍事和政治領域中所謂的「蝴蝶效應」。

初看起來似乎有些不可思議，但是細細思考，它給人們的啓發卻是深刻的。在經濟全球化的今天，面對複雜變幻的經濟形勢，任何一個國家都應盡力做到防微杜漸，警惕看似極微小的事情，它有可能最終會造成整個系統的分崩離析，如二〇〇八年，席捲全球的金融危機，就是蝴蝶效應的一個很好的實例。

二〇〇七年，次貸危機在美國爆發，接著到了二〇〇八年九月，金融危機便在全球範圍內掀起波瀾。

當美國次貸危機剛剛發生的時候，在相當長的時間裏，並沒有多少人相信，美國金融動盪會對亞洲經濟產生如此重大的影響。這是因爲，在經歷亞洲金融危機的打擊、磨煉和洗禮後，亞洲國家和地區的經濟體系有了顯著改進，當次貸危機爆發時，亞洲的許多人還樂觀認爲，只要亞洲區內貿易可以持續，美歐經濟好壞與亞洲經濟的關係就不大。然而，事實證明，美國次貸危機就像那隻扇動翅膀的蝴蝶，牠帶來的惡劣影響被不斷地、迅速地放大，時隔不久，便對亞洲經濟產生了巨大衝擊。

其實，簡要梳理一下金融危機的內在關聯，我們就會對蝴蝶效應的本質有一個更深刻的認識。在金融、貿易日益全球化的今天，世界各國都存在著千絲萬縷的經濟聯繫，處於一個相互關聯的極其複雜的系統中。一個微小的初始事件，就很有可能引起系統性的整體災難。

作爲世界金融中心的美國，當其內部發生次貸危機時，這種影響便不斷地借助蝴蝶效應加以放大，通過與世界的種種複雜經濟關係傳遞給各個國家，最後，亞洲經濟也不可避免地遭受了重大損失。亞洲地區的一些典型的外貿出口企業對此有著切膚之痛。原有的外貿出口訂單在極短的時間內就消失了。僅以二〇〇九年一月份為例，臺灣出口下滑超過了百分之四十，韓國與日本達到了百分之三十，而中國內地出口情況也下滑了百分之十七。在這場金融危機中，蝴蝶效應的巨大影響顯現無遺。

蝴蝶效應同樣會作用於一個企業以及個人。在現代企業管理中，一名管理者格外需要注意「蝴蝶效應」的作用。一個企業的發展是複雜的，受方方面面因素的作用，可以視作一個複雜的系統。今天的消費者越來越相信感覺，品牌消費、購物環境、服務態度……這些無形的、難以量化的價值都將成為他們選擇的因素。而這些因素，無論其有多麼微小，它們造成的影響，都有可能被累加、成倍放大，對企業的未來產生巨大的影響。

只要稍加留意，我們不難看到一些管理規範、運作良好的公司在理念中出現這樣的句子：「在你的統計中，對待一百名客戶，只有一位不滿意，對你而言，你只有百分之一的不合格，但是對於該客戶而言，他卻是百分之百的不滿意。」

「在客戶眼裏，你代表公司。」

「你一次對客戶不友好，公司需要用十倍甚至更多的努力去補救。」

所有這些企業的管理箴言，都立足於防微杜漸，從小事做起，從細節抓起。應用蝴蝶效應加以理解，便是注意一個個微小事件的影響，將不利因素消除，避免它們對企業的未來產生惡劣的衝擊；將有利的因素強化，使它們對企業未來起到重要的推動作用。

實際上，不僅企業如此，對於個人，也同樣需要注意「蝴蝶效應」。每個人都應該捕捉到對生命有益的「蝴蝶」，從而為自己贏得一個更好的未來。

2 我們能保證百分之百就業嗎——自然失業率

針對失業，美國總統杜魯門說過這樣一句話：「鄰居失業，意味著經濟蕭條；自己失業，意味著意志消沉。」的確，失業是很痛苦的一件事情，每個人都不想面對。失業的社會影響雖然難以準確地估計和衡量，但是，它卻最容易被人們所感覺到。失業意味著失去收入，縮減消費，對經濟也會有一定的影響。一個國家的失業率居高不下，表明經濟不景氣、經濟受阻。因而失業對一個家庭、社會乃至一個國家而言都是最為重要的問題。

既然失業帶來這麼多問題，那政府應該確保百分百就業，這樣就沒有這麼多社會問題了。這時我們就要談及經濟學上一個重要的概念——自然失業率。

顧名思義，自然失業率就是指在一定時期內，某一水準上的失業率是自然的，無須經濟實體的干預。從整個經濟發展的趨勢看來，任何時候都會有一些正在尋找工作的人，經濟學家把在這種情況下的失業稱為自然失業率，所以，經濟學家對自然失業率的定義，有時被稱作「充分就業狀態下的失業率」，有時也被稱作無加速通貨膨脹下的失業率。

要說自然失業率，就要先搞清楚失業率，我們所說的失業率指的是勞動大軍中沒有工作而又在尋找工作的人所占的比例，它的波動也就反映了就業的波動情況。一直以來，失業率數字被視爲一個反映整體經濟狀況的指標，而它又是每個月最先發表的經濟資料，因此，失業率指標被稱爲所有經濟指標的「皇冠上的明珠」，它是市場上最爲敏感的月度經濟指標。一般說來，失業率下降，代表整體國民經濟健康發展；而失業率上升，則代表著國民經濟發展開始出現衰退。

在經濟學裏，經濟學家通常將失業分爲三種類型，即摩擦性失業、結構性失業以及週期性失業，讓我們分而論之。

摩擦性失業

摩擦性失業指的是在生產過程中難以避免的由於轉換職業等原因而造成的短期、局部失業，這種失業是短期或者是過渡性的，一般由勞動力的供給方造成的。

舉個例子，你一個學金融的同學現在在一家銀行上班，但是他對目前的工資福利待遇不太滿意，覺得去證券公司待遇也許會更好。於是，他辭掉銀行的工作去證券公司找工作，但是也許一開始工作並不是馬上就能找到，於是這段時間的失業就是摩擦性失業。

結構性失業

結構性失業是指勞動力的供給和需求不匹配所造成的失業，其特點是既有失業又有職位的空缺，失業者或者沒有合適的技能，或者居住地點不當，因此無法填補現有職位空缺，比如，細觀應屆大學畢業生，其中有一部分並不是真的就業難，而是他們在擇業時期望值過高，想留在大城市，進大公司，並且薪水要優厚，否則寧願失業。實際上，高學歷人才在總量上是需求大於供給的，在許多偏遠的、經濟落後貧困地區和一些小城鎮，高學歷人才非常緊缺。這說明目前普遍存在的高學歷人才失業大多屬於結構性失業。

週期性失業

週期性失業是指經濟週期中的衰退或蕭條時，因爲需求下降而造成的失業，這種失業是由整個經濟的支出和產出下降造成的。在過去的全球性經濟危機中，許多中小企業紛紛破產倒閉，這樣造成的失業就是週期性失業。

由於摩擦性失業和結構性失業在任何經濟社會、任何發展時期都存在，因而經濟學家們認爲，失業現象是不可能自然消失的。

一九七六年的諾貝爾經濟學獎獲得者弗里德曼對此深有研究，他強調，雖然我們討論的是自然失業率，但是它並非由自然規律所決定，而是由社會制度決定的。自然失業率爲經濟社會在正常情況下的失業率，它是勞動市場處於供求穩定狀態時的失業率，自然失業率在社會正常時期是很穩定的。

由於摩擦性失業和結構性失業的普遍性和不可避免性，因而經濟學家們認爲，任何經濟社會在任何時期都會存在一定比率的失業人口。

3 溫飽、小康和富裕之間的分水嶺——恩格爾係數

民以食爲天，這是中國的一句老話，意思很淺顯，老百姓只需要能夠塡飽肚子就已經很滿足了，由此可見，「吃」在當時人們生活中佔有非常重要的地位。隨著經濟的迅猛發展，物質文化生活水準極大提高，人們已經不再僅僅滿足於吃飽飯，這是因爲「吃」對於大多數人來說已經不再是最重要的事情，很少有人爲塡不飽肚子而發愁，人們將更多的錢用於教育、健身、旅遊、娛樂等事情上，而吃的比重已經大大下降。食物支出在人們的消費總量中所占比重下降的現象在經濟中叫做「恩格爾係數」降低。

吃飽飯是人們獲得生存的首要條件，只有這一層次獲得滿足後，消費才會向其他方面擴展。因此，食品支出的比重從一個側面反映了生活水準的高低。

恩格爾係數是德國經濟學家和統計學家恩格爾（一八二一~一八九六年）提出的衡量居民生活水準高低的計算方法。這個方法表明，隨著居民收入的增加，耗費在食品上的支出比例就會減少。耗費在食品上的支出越少、數值越小，生活富裕程度就越高。這個係數的數值越小，表明在食品上的支出越少，生活水準越高。

根據聯合國糧農組織提出的標準，恩格爾係數超過百分之五十九爲貧困，百分之五十至五十九爲溫飽，百分之四十至百分之五十爲小康，百分之三十至百分之四十爲富裕，低於百分之三十爲最富裕。恩格爾係數一經提出，就得到西方經濟學界的廣泛接受和認同，認爲它具有普遍的適用性。

恩格爾係數是衡量人們生活水準的重要指標。它越小，說明人們的生活越富裕；它越大，說明人們生活越貧窮，當然，我們也應當留心恩格爾係數失靈的特殊情況。

4 經濟大師們能預測股票價格嗎？

對未來充滿好奇、渴望預知未來似乎是人類的本性。

孩提時，我們渴望知道「長大以後會成爲什麼樣的人」；高中時代，渴望知道「能否考入理想的大學」；再長大一些，我們又會對「和什麼樣的人結婚」充滿好奇。不過，對於預知未來股票價格走向的渴望，就不僅是源於單純的好奇心了。如果能夠在今天瞭解到明天的股票價格，獲得的將不僅是好奇心的滿足，更重要的還有巨大的財富。在低價時買進股票，等到高價時賣出，將得到巨額利潤。

如同爲了滿足那些渴望瞭解未來的人的好奇心而存在的算命先生一樣，爲了滿足那些渴望預知股票價格走向的人，股票分析師應運而生。股票分析師研究分析各個公司的財務報表，與各公司的經營層交談，有時還會進行市場分析；以此爲基礎，對未來股票價格的行情做出預測。

把股票分析師比喻成算命先生雖然失禮，但同屬預測未來的職業，二者之間的的確確存在著共同點。不同的是，算命先生對未來的預測多是基於荒誕不經的迷信，而股票分析師對股票的預期則是基於科學的方法。

然而，股票價格預測並非都是基於科學的方法。股份公司與股票交易誕生於十八世紀初期，那時，人們對股票的瞭解還很不全面，圍繞著股票市場的流言四起、群魔亂舞，操縱股價的情況更是屢見不鮮，客觀上無法科學地預測股票價格。

對股票價格進行科學分析和預測的嘗試始於阿爾弗雷德・考爾斯。考爾斯是美國科羅拉多州的一個大財閥，一九二九年的股市暴跌讓他蒙受了巨大的經濟損失。一時之間，他糾結於「怎麼沒早點賣股票。幾天前賣出的話，能大賺一筆」的悔恨之中。

後來的某一天，他偶然看到了書房角落的一份《華爾街日報》。就在這份股市暴跌前幾天發行的報紙上，刊登了一篇《股票不日即將大跌，現在應該馬上賣出》的社論。

閱讀了這篇社論之後，考爾斯更是悔不當初：「爲什麼我前幾天沒有用心閱讀這篇社論啊！」「如果按照這篇社論的內容賣出股票，能省下多少錢啊！」

經過幾天的後悔和自責，考爾斯沮喪的心情有所緩解，但是腦子裏的一個疑問卻一直揮之不去：「難道就沒有什麼科學預測股票價格的方法嗎？如果能夠科學地預測股票價格，就能賺大錢了啊。」據說，這就是考爾斯投入股票價格預測領域的經過。

後來，考爾斯設立公司，開始提供預測股票價格的服務。

當然，考爾斯並非這一領域的先驅者，當時專業的股票分析師可以說不計其數。而考爾斯與眾不同的地方，一方面在於他想「科學」地預測股價，另一方面在於他比對手卓越的資金籌措能力。依靠雄厚的財力，考爾斯將全美著名的經濟學家、數學家以及統計學家集結到一起，要求他們找到科學預測股票價格的方法。

爲了支持學者的研究，還專門成立了「考爾斯財團」。在考爾斯的全力支持之下，考爾斯財團的學者們終於發佈了關於科學預測股票價格的研究報告，結論如下：「科學地預測股票價格是不可能的。」

學者們爲什麼會得出這麼「奇怪」的結論呢？下面的故事將有助於您的理解。

> 一天，一位經濟學教授正在街頭散步，發現不遠處的地上有一張一百美元的鈔票。教授正想把錢撿起來，突然想到：「一百美元的鈔票這麼明顯地躺在地上，怎麼會沒有人撿呢？這條街道每天來來往往會有幾千人路過，難道只有我看到了這張鈔票？」
>
> 教授想了一會兒，得出了這樣的結論：「如果現在地上真的有百元大鈔的話，

早被每天路過的幾千名行人中的某人撿走了。既然這張鈔票到現在還沒有被撿走，那一定是我看錯了！」

最後，教授決定對眼前的百元大鈔視而不見，繼續前行。

這個故事說明了「有效市場假設」的理論。有效市場假設是指「因爲市場是有效的，所以不可能輕易賺錢」的理論。市場上活動著不計其數的人，這些人參與市場活動的目的就是低價買進、高價賣出，從而將利益最大化。但是，市場上有如此多的人都在全神貫注地緊盯賺錢的機會，那麼容易賺錢的機會一旦出現馬上就會被搶走。上面故事中提到的教授所走的路就是指市場，而地上的百元大鈔指輕易賺錢的機會。來往數千名的行人都是市場活動的參與者，教授不過是不計其數的市場參與者中的一名而已。

如果像故事中的教授那樣極端地推敲市場有效理論的話，那市場有效論也就成爲詭辯了。實際上，大部分經濟學者如果看到地上掉落的鈔票，都會毫不猶豫地撿起來。但是，若被問起「股票市場上有沒有如同在地上撿錢那樣容易的賺錢機會」，大部分經濟學家的回答都是否定的。因爲他們堅信，股票市場是世界上最有效的市場。

股票市場之所以最有效，是因爲人們貪欲無限，永不知足。貪欲無限大的人們一旦發現獲取利益的機會，就會期望獨佔所有的利益。假設有人獨自得到了三星電子將會把股價提升到一百元的利好消息，那麼，在股票價格還沒有漲到一百元的時候，即使借高利貸，他也會買盡市場上所有的三星電子股票，而三星電子的股價也會因此而快速上漲到一百元。

正是基於投資者的這種行爲，即使短期內能輕易大賺的機會只被一個人掌握，這個機會也會稍縱即逝，股票市場也因此而成爲了極度有效的市場。

股票市場上的利益機會一旦出現，相應的股票馬上就會被搶購一空。在這種情況下，預測股票價格只能是天方夜譚。預先掌握股票價格變化方向意味著獲取利益的機會，因而影響股價變動的因素一旦出現，馬上就會體現在價格上。因爲利好消息被任何人掌握後都會馬上體現在價格上，所以，預測股票價格的唯一方法就是擁有任何人都不可能知道的資訊。也就是說，可以預期的所有資訊都已經體現在股票價格上，而沒有體現在價格上的資訊自然不可能預期，因此，預測股票價格也就成爲了不可能。

5 全球暖化背景下的挑戰和機遇

近年來，以地球災難爲題材的好萊塢大片一經上演就產生轟動效應，一個聲音在我們耳邊響了起來：地球資源正在枯竭，傳統能源污染嚴重，全球氣候正在變暖，你們這樣一種以消耗能源爲代價的粗放式經濟增長方式不可持續。

這個聲音來自聯合國。其實可持續發展的概念不是這幾年才出現的，早在一九七二年聯合國人類環境研討會上這個概念就已經正式被提出，只不過到今天形式變得日益嚴峻，因此聯合國呼籲可持續發展的聲音一浪高過一浪而已。

你也許認爲聯合國是不是在杞人憂天？地球已經存在了四十六億多年了，人類也已經存在了五十多萬年，哪有什麼事啊？

可那是過去，過去多少年，我們的祖先過的都是日出而作、日落而息的刀耕火種的生活，這種原始的生活所消耗的能源是非常有限的，可是自從一七七六年工業革命以來，人類對煤炭石油等不可再生能源的消耗達到了瘋狂的地步，以至於全球氣溫驟然上升，我們看看以下兩個資料就知道情況有多麼嚴重了。

先看看能源消耗。據世界銀行統計，如以二十世紀整整一百年作爲第一次工業革命的典型代表，在這一百年當中，人類共消耗煤炭兩千六百五十億噸**（世界上的煤炭總儲量共有一〇七五三九億噸）**，消耗石油一千四百二十億噸，同時排放出大量的溫室氣體，使大氣中二氧化碳濃度在二十世紀初不到三〇〇ＰＰＭ**（體積濃度單位，指每立方米的大氣中含有污染物的體積數／立方釐米）**上升到目前接近四〇〇ＰＰＭ的水準，明顯地威脅到全球的生態平衡。

再看看氣候變化。根據世界銀行提供的資料，在工業化之前的一千多年裏，全球平均溫度變化是相當有限的；而在過去一百多年的時間裏，人類由於傳統的工業革命，二氧化碳的排放迅速增加，使得全球的平均溫度比工業化革命之前提高了將近攝氏一度；更重要的是進入廿一世紀，如果還按照目前的這個模式發展下去的話，有可能在二一〇〇年全世界的溫度比工業化革命前升高攝氏五度，最新的估計認爲會達到攝氏七度。這會導致冰川溶化、海平面上升、大片陸地淹沒、成百上千座城市消失，其災難將是慘重的。

所以，人類發展到了今天這個地步是應該停下來思考下一步應怎麼走了。這就是我們當前所面臨的挑戰，即既要考慮經濟進一步增長，又要考慮爲子孫後代留下一個空氣清新溫度適宜的地球。因此我們適時提出了轉變經濟增長方式、改變經濟結構的號召，而改變經濟結構的主要內容之一就是大力發展包括太陽能和風能在內的清潔能源。

事實上，各國政府首腦都已經意識到了問題的嚴重性並積極地採取措施。歐巴馬在競選總統期間就表示，一旦主政就大力提倡對清潔能源的開發和利用，讓美國擺脫對石油等不可再生能源的依賴。他上臺後，立即頒佈了美國首個全國性轎車和輕型卡車能效和排放標準的聯邦法規，規定從二〇一二年起，汽車節能標準平均每年提高百分之五以上，二〇一六年實現預定目標。

歐巴馬表示，這一計畫將使美國在二〇一二年至二〇一六年間減少使用原油十八億桶，相應的溫室氣體排放量將減低百分之三十，約九億噸。同時使美國轎車和輕型卡車的燃油經濟性在二〇二〇年前提高到三十五英里／加侖。

雖然節能減排是一條減少化石能源需求的路徑，但二〇一〇年四月份以來源源不斷噴湧入墨西哥灣的石油，加大了歐巴馬開發新能源的決心，他在白宮演講時強調，墨西哥灣漏油事件給美國以警示，美國應該放棄存在潛在危險、污染環境的化石能源，轉而向清潔能源求助。

總之，在像煤炭石油這樣的稀缺資源越來越少且對環境不利的情況下，可以想像得到，誰能夠駕馭這兩樣東西，誰就能夠把握未來、領先世界。

6 三十年後到底需要多少錢養老？

北京師範大學的經濟學教授鍾偉關於中國現在年輕人的養老算了一個數字。他沒有披露具體的計算細節。但是，他給出了一個概念——以北京等一線城市的年輕人爲例，一千萬元不夠養老！

鍾偉曾經在某財經類媒體上發佈了他的看法，核心內容是：爲退休後的生活積攢存活廿五年的錢財是必要的。

一千萬！當然，他說的是人民幣，沒說歐元美元。但即便如此，也是招來非議聲一片。

沒有人能確切地預測經濟生活的未來，包括最厲害的經濟學家。具體到你，一個實實在在的個體，三十年後到底需要多少錢養老，真的一千萬嗎？當然，完全可以小於這些數字，也完全可以大於這些數字。這看你個人取捨導致的結果。

它是一個參照，一個在基本可知因素下給出的參照。作爲人，在所有領域的探索，有一個基本的假設，那就是，世界是可知的，甚至在某種程度上，必須是可控的。沒有這個基本假設，那全世界進入混亂狀態、坐等末日降臨就可以了。可是沒有人會那麼做，因爲對安全感和把控感的需求不允許我們那麼做。所以我們才說，關於三十年後的未來，有一個數字作爲養老成本的參照，是必要和必須的。

7 打工不如自己開個小店？

很多時候都看到這樣的話：「打工不如自己開個小店。」尤其是在網路發達的今天。那麼，打工真的不如自己「創業」嗎？

毫無疑問，我們都想著一可以變成十、一百、一千……問題是，作爲財富增長第一桶金的「一」從哪裏來？不是所有的錢都可以用來「錢生錢」的。你要留出一部分錢來用於日常開支，至少空出一兩年的結餘，因爲大部分創業或理財計畫，可能不會迅速暴富。此外，還要留出應急費用或者購買基本保險、父母子女的撫養金、其他的開支儲備……剩下的那部分，才是你的「一」。

關於工作，我們經常聽到的是：

「一分錢一分貨，老闆開什麼價，我就做什麼標準的工作。」

「工作都是爲老闆幹的，只要不虧心，大致過得去就可以了。」

「不開心我就辭職，花完了再找，反正工作到處都是。」

對類似的觀點，我們不做評論。如果可以清晰地發現工作對自己的真正價値，這些觀點的正誤就會不言自明。

經濟學認爲，工作是一棵樹，你要聰明地摘到上面的果子。

第一個果子——**工作可以為你提供最基礎的生活保障**。這將使你有尊嚴地保持中等的生活水準和業餘時間。並且，在特別充足的錢爲你「換出自由身」之前，一份工作可以使你的理財計畫不受干擾和中斷。

第二個果子——**工作不但是低風險的收入管道，還可以為你積累第一桶金**。工作需要你要付出的主要是時間。而其他收入方式，除了要付出時間，更可能承擔個人安全、本金損失等諸多高風險。

綜觀成功的企業領袖或理財大師，其第一桶金絕大部分是通過平淡甚至辛苦的工作獲得的。不要期待空手套白狼，那不是沒有成功的可能，但都是一些低機率的事件。在積累財富的前期，還是要儘量採取高成功機率、低風險的方式。因爲這個時期，還是抗風險能力很差、「贏得起、輸不起」的階段。未經收益，先想到風險和退路，這才是成熟、理性的做法。不到迫不得已，不可孤注一擲。

第三個果子——**工作是積累閱歷的重要方式**。要聚財，僅僅投入資金顯然是不夠的。閱歷，也就是豐富的人生體驗，將使你無論採取哪一種聚財方式，都要具有準確的判斷力、嚴密的紀律性、堅實的實踐力。而這些，都是在學校裏學不到的，工作是獲得它們的主要途徑。閱歷就像人的氣質，它無法量化，卻時時影響著你和周圍的人。

第四個果子——**工作也是積累和拓展牢固人脈的重要方式**。

人脈即財脈。打工不是沒面子的事，相反，一個聰明的打工者，懂得利用工作機會，積極建立聚財可用的人脈。企圖單槍匹馬、無須朋友提供任何決策參考或實際支持，就能接住從天上掉下來的錢，機率是極小的。我們還是要重申，必須選擇高機率的聚財手段。

頻繁更換工作，是傷害人脈關係的不二選擇。所謂「人脈」，並非你認識了別人，那人就進了你的人脈庫了。只有通過長期交往，確立了良好甚至親密的信任關係，這才算。如果工作更迭過於頻繁，看似通訊錄變得越來越厚，但絕大部分交往都是蜻蜓點水，這些所謂「人脈資源」，又有多少可爲你提供實際幫助呢？

如果你問，是否可以停止「打工」？那至少先問問上面幾個果子，你都摘到了沒有，摘到了多少，是否足夠了。如果沒有一個可以無限制爲你進行「資金輸血」的富爸爸，在做好如上充分準備之前，有一份穩定的工作仍然很重要。它是你爲養老準備結餘資金和啓動持續理財計畫的「最最基礎」。

8 月有陰晴圓缺，經濟也有盈虧漲跌

大家對經濟危機的概念一定不會陌生，因爲它已經改變或者正在改變我們的生活。中小企業家們因爲經濟危機而不得不面對資金鏈短缺的周轉困難；薪水族們不得不暫時放棄跳槽計畫而想方設法保住手中的飯碗；大學畢業生們突然發現原來就業形勢如此嚴峻，等等。無法否認，經濟大氣候的變化對百姓生活產生了十分深遠的影響，那麼經濟大氣候是如何變化的？經濟學對此又有怎樣的解釋呢？

經濟學上把經濟大氣候的變化稱作經濟週期，是指經濟運行中週期性出現的經濟擴張與經濟緊縮交替更迭、循環往復的一種現象，是國民總產出、總收入和總就業的波動，是國民收入或總體經濟活動擴張與緊縮的交替或週期性波動變化。

對經濟週期的階段劃分，過去分爲繁榮、衰退、蕭條和復蘇四個階段，現在一般叫做衰退、谷底、擴張和頂峰四個階段。

經濟的週期波動以經濟中的許多成分普遍而同期地擴張和收縮爲特徵，持續時間通常爲兩年到十年。每一個經濟週期都可以粗略地分爲上升和下降兩個階段。上升階段也稱爲

繁榮，最高點稱爲頂峰。經濟到頂峰時，也是經濟由盛轉衰的轉捩點，此後經濟就進入下降階段，即衰退。衰退嚴重則經濟進入蕭條，衰退最低點稱爲谷底。當然，谷底也是經濟由衰轉盛的一個轉捩點，此後經濟又將進入下一個上升階段。一次完整的經濟週期就是經濟從一個頂峰到另一個頂峰，或者從一個谷底到另一個谷底。

經濟週期處於擴張階段，市場需求旺盛，訂貨飽滿，商品暢銷，生產趨升，資金周轉靈便。企業的供、產、銷和人、財、物都比較好安排。企業處於較爲寬鬆有利的外部環境中。經濟週期處於收縮階段，市場需求疲軟，訂貨不足，商品滯銷，生產下降，資金周轉不暢。企業在供、產、銷和人、財、物方面都會遇到很多困難。企業處於較惡劣的外部環境中。

經濟週期，上升下降，循環往復，既有破壞作用，又有「自動調節」作用。

在經濟衰退中，一些企業破產，退出商海；一些企業虧損，陷入困境，尋求新的出路；一些企業頂住惡劣的氣候，在逆境中站穩腳跟，並求得新的生存和發展，這就是市場經濟的「優勝劣汰」。經過多輪這樣的演變，市場上生存下來的都是優秀的企業和產品。

總之，現在還沒有統一的理論來解釋和預測經濟週期，唯一能夠肯定的是，經濟週期總是在不斷循環往復，蕭條過去後有繁榮，頂峰過去後有谷底。迄今爲止，沒有任何一種經濟能夠始終維持繁榮，每種經濟都要品嘗復蘇的甘甜與衰退的苦澀。

這種經濟從繁榮走向衰退、再從衰退中復蘇而反覆出現的現象稱爲——經濟週期。經濟週期一般反映在ＧＤＰ增長的波動上，而對於普通百姓的生活也會產生十分深遠的影響。正是因為經濟週期性地陷入低谷，我們暫時放緩了高檔奢侈品的消費計畫，原本計畫好的旅遊出行也不得不擱淺，甚至於買東西時開始打聽哪個賣場又打折了，哪個賣場在搞積分酬賓活動，等等。

咖啡館裏的哈佛經濟學

作者：閆岩
發 行 人：陳曉林
出 版 所：風雲時代出版股份有限公司
地址：105台北市民生東路五段178號7樓之3
風雲書網：http://www.eastbooks.com.tw
官方部落格：http://eastbooks.pixnet.net/blog
信箱：h7560949@ms15.hinet.net
郵撥帳號：12043291
服務專線：(02)27560949
傳眞專線：(02)27653799
執行主編：朱墨菲
美術編輯：風雲時代編輯小組

法律顧問：永然法律事務所李永然律師
北辰著作權事務所　蕭雄淋律師
版權授權：南京快樂文化傳播有限公司
初版日期：2015年12月

ISBN：978-986-352-271-3

總 經 銷：成信文化事業股份有限公司
地址：新北市新店區中正路四維巷二弄2號4樓
電話：(02)2219-2080

行政院新聞局局版台業字第3595號
營利事業統一編號22759935

定 價：280元

國家圖書館出版品預行編目資料

咖啡館裏的哈佛經濟學 / 閆岩 著. — 初版.
— 臺北市 : 風雲時代, 2015.10
面 ; 公分
ISBN 978-986-352-271-3(平裝)
1.經濟學 2.文集

550.7　　104021125